Otto Mayr

Religion 5

Neue Stundenbilder mit Kopiervorlagen

Auer Verlag GmbH

Quellennachweis
Bibeltexte nach: Baukje Offringa: Auf dem Weg. Donauwörth 1996

Gedruckt auf umweltbewusst gefertigtem, chlorfrei gebleichtem
und alterungsbeständigem Papier.

1. Auflage. 2001
Nach der Neuregelung der deutschen Rechtschreibung
© by Auer Verlag GmbH, Donauwörth. 2001
Alle Rechte vorbehalten.
Illustrationen: Klemens Ganzenmüller, Fotos: Otto Mayr, Elisabeth Birzele, Archiv
Gesamtherstellung: Ludwig Auer GmbH, Donauwörth
ISBN 3-403-03543-3

Inhalt

1. Miteinander leben – füreinander da sein ... 5

1.1 Menschen, Tiere, Pflanzen – Die Welt, in der ich lebe ... 6
- Was mir besonders wichtig ist ... 7
- Was mir besonders wichtig ist – Die wichtigsten sechs ... 8
- Mein Stammbaum ... 9
- Achtsam mit sich und der Welt umgehen ... 10
- Was möchtest du schützen? ... 11
- Die Welt, in der ich lebe ... 12
- Zusammenleben ist schön ... 13
- Zusammenleben ist schön, aber manchmal ist es schwierig ... 14
- Zusammenleben – schön und schwierig ... 15

1.2 Gemeinschaft werden – Ich, du, wir ... 16
- Jeder ist anders – Das bin ich ... 16
- Meine Stärken und Schwächen ... 17
- Der Baum meiner Begabungen ... 18
- Unterschiede als Bereicherung erleben ... 19
- Gemeinschaft werden – ICH ... 20
- Selbsteinschätzung: Das kann ich gut, das kann ich weniger gut ... 21
- Gemeinschaft werden: den anderen annehmen ... 22
- Den anderen achten, verstehen und annehmen ... 23
- Zeichen der Aufmerksamkeit ... 24
- Unser Bauprojekt: das Haus der Klassengemeinschaft ... 25
- Wir diskutieren miteinander – Regeln für ein vernünftiges Gespräch ... 26
- Gemeinschaft werden ... 27

2. Glauben und vertrauen – Gottes Weg mit Abraham ... 28

2.1 Auf dem Weg des Glaubens – Abraham lässt sich auf Gott ein ... 29
- Vertrauen – „Ich verlasse mich auf Papa" ... 30
- Ein Nomade ... 31
- Abraham vertraut auf Gottes Verheißung und verlässt seine Heimat ... 32
- Abraham und Lot trennen sich ... 34
- Entscheidungsspiel ... 35
- Abraham und Sara glauben und zweifeln ... 36
- Drei Fremde besuchen Abraham ... 37
- Bildbetrachtung „Gastfreundschaft" ... 38
- Abraham bittet um die Rettung von Sodom und Gomorra ... 39
- Für andere eintreten ... 40
- Grenzenloser Glaube ... 41
- Was ist das für ein Gott? ... 42

2.2 Abraham – Vater des Glaubens ... 43
- Abraham – Stationen des Glaubens ... 44
- Eine Stimmungskurve gestalten ... 45

3. Zeit haben für sich und für andere – Zeit haben für Gott ... 46

3.1 Ruhe und Geborgenheit finden – Mit Gott verbunden sein ... 47
- Ruhig ist es selten – Mein Wochenplan ... 48
- Ruhig ist es selten – Ich, heute ... 49
- Ich komme zur Ruhe – Stilleübung ... 50
- Ich komme zur Ruhe ... 51
- Ich finde meine Mitte ... 52
- Meditieren – nicht ganz einfach ... 53

3.2 Hören und sehen – sich von Gott ansprechen lassen ... 54
- Was veranlasst uns zu beten? ... 56
- Formen des Gebets ... 57
- Gebetshaltungen haben verschiedene Bedeutung ... 58
- Beten ... 59
- Beten – mit Gott reden ... 60

3.2 Miteinander glauben und beten – Feste und Feiern im Kirchenjahr ... 61
- Das Kirchenjahr – Feste und Festzeiten ... 62
- Christliche Feste – Symbole und Brauchtum ... 65
- Vorschlag zu „Aktionen" ... 73

Was gehört für dich zum Weihnachtsfest?	74
Quiz rund um Weihnachten	75

4. Dem Weg Jesu auf der Spur: sein Leben und Wirken ... 76

4.1 Jesus von Nazaret, ein Mensch aus Galiläa ... 77

Wer war Jesus? Wir testen unser Vorwissen	78
Wer sagt denn, dass Jesus wirklich gelebt hat?	79
Zeit und Umwelt Jesu	80
Eine Reise in die Zeit Jesu	81
Palästina unter der Fremdherrschaft der Römer	86
Jesu Weg durch seine Heimat	89
Jesus von Nazaret, ein Mann aus Galiläa	91

4.2 Jesus Leben und Wirken löst unterschiedliche Reaktionen aus: der Zöllner Matthäus ... 92

Das Messiasbekenntnis des Petrus	93
Jesus wird in seiner Heimat abgelehnt	94
Jesu Tod und Auferstehung	95
Das letzte Mahl mit Jesus	96
Gefangen genommen in der Nacht	98
Ist nun alles vorbei?	100
Ostermorgen	102
Auf dem Weg nach Emmaus	104
Ostern: das bedeutendste Fest im Kirchenjahr	106
Ostersymbole und ihre Bedeutung	107
Ostern feiern (Ausschneideblatt)	109
Ostern: das wichtigste Fest im Kirchenjahr	111

5. Kirche am Ort: eine Gemeinschaft und ihre Geschichte ... 112

5.1 Die Pfarrgemeinde erkunden ... 113

Personen, die in der Pfarrgemeinde tätig sind, erzählen	114
Wer bin ich? (Domino)	115
Kirche am Ort: Gruppen und Dienste in unserer Gemeinde	116
Treffpunkt Pfarrgemeinde	117
Die Menschen in unserer Pfarrgemeinde – Visitenkarte	118
Pfarrbrief	119
Personen unserer Pfarrgemeinde	120
Gruppen und Dienste unserer Pfarrgemeinde	121

5.2 Ein Gotteshaus in unserer Nähe: Raum für Gott und die Menschen ... 122

Kennst du deine Kirche?	122
Kirchliche Gebäude	123
Gotteshäuser aus Romanik, Gotik, Barock und der Gegenwart	127
Liturgische Gegenstände	128
Liturgisches Quiz	131
Kirche als Ort der Sammlung	132
Wie soll man sich in der Kirche verhalten?	133

5.3 Wichtige Daten und Ereignisse aus der Geschichte unserer Heimatgemeinde ... 134

... – ein wichtiges Fest in unserer Gemeinde	136

6. Menschen in Not: Begegnung kann verändern ... 137

6.1 Bedrückende Tatsachen: Not hat viele Gesichter ... 138

Not in der Welt	139
Not in unserer Umgebung	141

6.2 Nicht wegschauen, sondern helfen ... 142

Wir basteln bunte Freundschaftsbänder	143
Der barmherzige Samariter	144
Jesus erzählt vom Weltgericht	146
Die Werke der Nächstenliebe im übertragenen Sinn	147
Jesus fordert uns auf zu helfen	148

6.3 Was wir tun können: kleine Schritte zum Mitmachen ... 149

Was wir tun können: Hilfe in der Welt	149
Die Rechte des Kindes	150
Kirchliche Hilfsaktionen	151
Was wir tun können: Hilfe in unserer Umgebung	152
Test: Meine Einstellung zu Fremden	152
Menschen in Not: Was können wir tun?	154

Arbeitsblätter (Lösungen) ... 155

1. Miteinander leben – füreinander da sein

Lernziele:

Erkennen, dass jedes Lebewesen der Zuwendung und Achtsamkeit bedarf

Aufmerksam werden, dass gelingendes Zusammenleben – im Großen wie im Kleinen – vom Mit- und Füreinander abhängt

Für ein Leben in Gemeinschaft eintreten

Achtung vor allen Lebewesen anbahnen

Gegenseitiges Verstehen und Unterstützen als wichtige Grundlagen im Zusammenleben einüben

Bastel-Spaß mit den Kindern: Sie malen Folienbilder für die Fenster

Fotos: Patrick Piel

1. Miteinander leben – füreinander da sein

1.1 Menschen, Tiere, Pflanzen – Die Welt, in der ich lebe

Was mir besonders wichtig ist
Was mir besonders wichtig ist – Die wichtigsten Sechs
Mein Stammbaum
Achtsam mit sich und der Welt umgehen
Was möchtest du schützen?
Die Welt, in der ich lebe
Zusammenleben ist schön …
Zusammenleben ist schön, aber manchmal ist es schwierig
Zusammenleben – schön und schwierig

1.2 Gemeinschaft werden – Ich, du, wir

Jeder ist anders – Das bin ich
Meine Stärken und Schwächen
Der Baum meiner Begabungen
Unterschiede als Bereicherung erleben
Gemeinschaft werden – ICH
Selbsteinschätzung: Das kann ich gut, das kann ich weniger gut
Gemeinschaft werden – Den anderen annehmen
Den anderen achten, verstehen und annehmen
Zeichen der Aufmerksamkeit
Unser Bauprojekt: das Haus der Klassengemeinschaft
Wir diskutieren miteinander – Regeln für ein vernünftiges Gespräch
Gemeinschaft werden

Was mir besonders wichtig ist

- *Was ist dir besonders wichtig in deinem Leben?*
- *Findest du hier einige Dinge, die dir wichtig sind? Welche fehlen noch?*
- *Erstelle eine Collage!*

Was mir besonders wichtig ist

DIE WICHTIGSTEN SECHS

Welche sechs Personen sind dir wichtig?

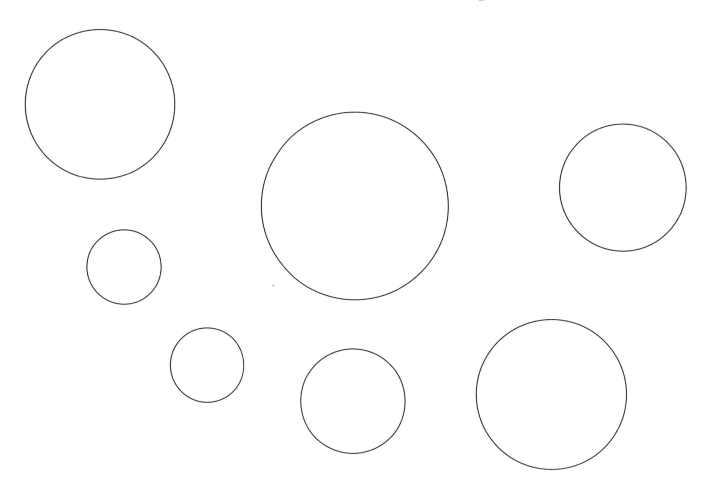

- Schneide die Kreise aus!
- Suche einen Kreis aus und schreibe „Ich" darauf!
  Klebe ihn dann in die Mitte einer Seite deines Heftes!
- Überlege jetzt, welche 6 Personen dir wichtig sind!
  Diese Fragen können dir dabei helfen:
  - Wen hast du besonders gern?
  - Von wem wirst du besonders beachtet?
  - Mit wem verbringst du gerne deine Zeit?
- Stell dir jede Person in deiner Fantasie vor!
  Welche Situation fällt dir dabei ein?
- Schreibe den Namen jeder Person in einen Kreis!
- Lege die Kreise so um deinen eigenen Kreis, dass die Abstände zeigen, wer dir zur Zeit besonders wichtig ist!
- Klebe jetzt die Kreise ein und verbinde sie mit deinem Kreis!
- Du kannst jedem Kreis eine eigene Farbe geben.

vgl. Marggraf/Polster (Hrsg.), Unterrichtsideen Religion 5, Stuttgart 1996, S. 150.

Mein Stammbaum

Wenn nötig, ergänze diesen „Stammbaum" noch mit den Personen, die für dich eine wichtige Rolle innerhalb deiner Familie spielen (Lebensgefährtin deines Vaters/Lebensgefährte deiner Mutter…)

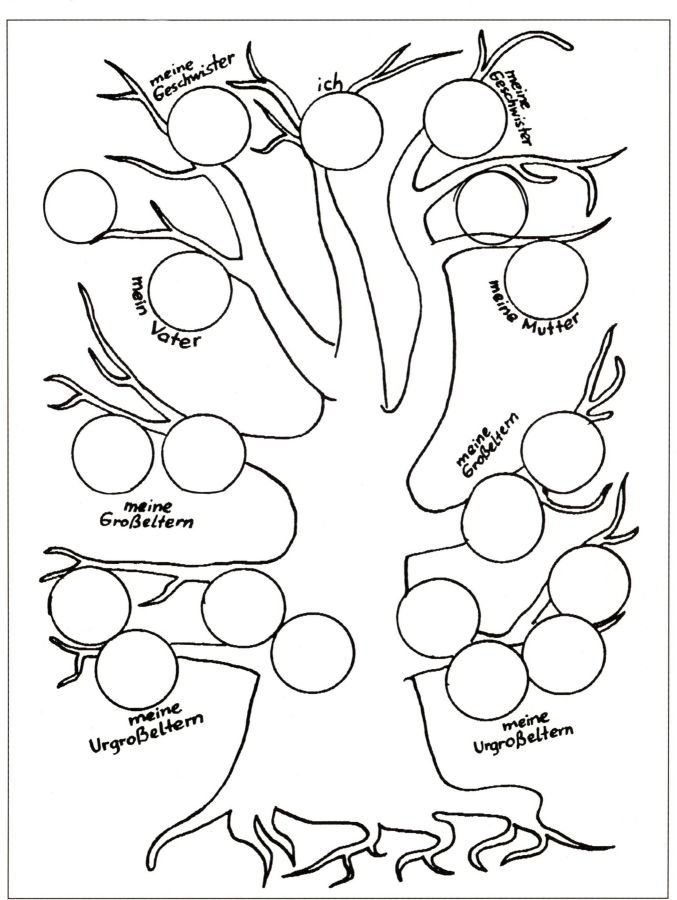

Achtsam mit sich und der Welt umgehen

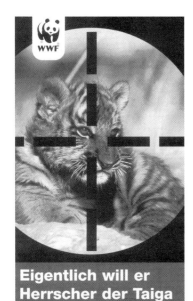

Naschen Möhren statt Bonbons

- Was haben diese Bilder mit dir zu tun? Gehst du mit dir selbst liebevoll um, mit deinen Mitmenschen, mit deinen Mitgeschöpfen?
- In welcher Situation wird mit der Welt achtsam umgegangen, in welcher nicht?

Was möchtest du schützen?

- *Diese Hände können als die bewahrenden Hände Gottes verstanden werden, aber auch als deine eigenen Hände, denen die Bewahrung der Schöpfung anvertraut ist.*
  Schreibe und/oder zeichne in diese Hände alles, was du selbst bewahren und schützen willst!

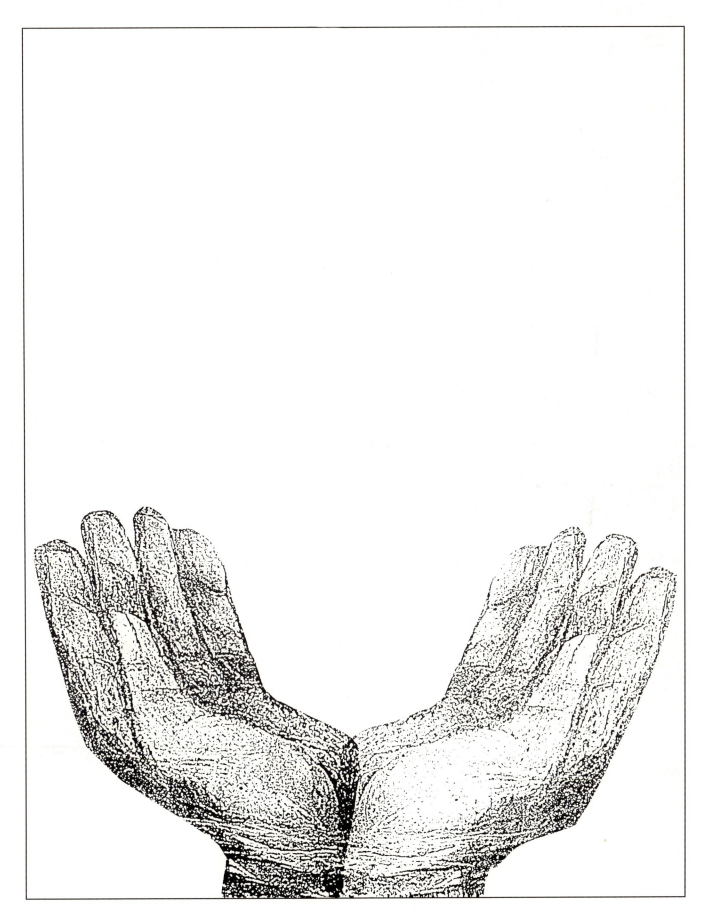

Die Welt, in der ich lebe

● *Welche Dinge sind dir besonders wichtig? Zeichne oder klebe ein Bild ein!*

Personen	Tiere
Natur	**sonstige Dinge**

Zusammenleben ist schön ...

Musikanten gingen ins Trainingslager

Jugendkapelle übte ein ganzes Wochenende lang

Ein ganzes Wochenende lang probte die Jugendkapelle des Musikvereines Asbach-Bäumenheim für das Herbstkonzert am 13. November. Als Domizil hatte man sich das Schullandheim in Bliensbach bei Wertingen auserkoren. Neben der intensiven Probenarbeit kam natürlich auch die Kameradschaft nicht zu kurz.

Sehr zufrieden zeigten sich die Organisatoren am Ende der Probenphase, bei der insgesamt über 13 Stunden konzentriert in den Registern und im Gesamtorchester geübt wurde. Hauptziel war es, die Stücke für das diesjährige Herbstkonzert intensiv einzustudieren, wie die „Fledermaus", die „Volkslieder-Suite" von Vaughn-Williams oder einem Querschnitt aus den Musicals von Webber. Doch auch berühmte Märsche standen auf dem Programm, die man in der Probenphase bis ins Detail einstudiert hat. Am Samstagabend, nach bereits acht Stunden Probe, klagte dann auch mancher Musikant über geschwollene Lippen oder taube Ohren, die er/sie sich im überakustischen Probensaal des Schullandheimes zugezogen hatte.

Auch in diesem Jahr nutzte man den positiven Effekt, mit der ganzen Gruppe in „Klausur" zu gehen. Ohne den Zeitdruck der wöchentlichen Gesamtprobe mit ihren knapp zwei Stunden, kann man auch mal länger an einem „heiklen" Stück arbeiten, einzelne Stimmen durchspielen und technische Details ausarbeiten. Bei der Gesamtprobe am Sonntagvormittag wurden die Werke dann wieder im Zusammenhang gespielt und man konnte feststellen, dass sich die Mühe gelohnt hatte!

Zusammenleben ist schön, aber manchmal ist es schwierig

- *Wie steht es mit dem Zusammenhalt in eurer Klasse? Bist du immer zufrieden oder gibt es noch etwas zu verbessern? Gibt es Streit über etwas?*
- *Du kannst diese Liste noch ergänzen!*
- *Gib deine Meinung zur Stellungnahme an die Klasse weiter!*

So ist es in unserer Klasse:

	immer	schon oft	selten	nie
Wenn ich etwas zu Hause vergessen habe, leiht mir jemand aus der Klasse seine Sachen aus (z. B. Schere, Kleber, Lineal…).	☐	☐	☐	☐
In unserer Klasse wird viel gerauft oder gestritten.	☐	☐	☐	☐
Ich treffe mich auch in der Freizeit mit Kindern aus meiner Klasse.	☐	☐	☐	☐
Wenn einer von uns etwas falsch macht, wird er gleich von den anderen ausgelacht.	☐	☐	☐	☐
Ich fühle mich in meiner Klasse wohl.	☐	☐	☐	☐
Ich glaube, dass unsere Lehrer gerne zu uns in die Klasse kommen.	☐	☐	☐	☐
_____	☐	☐	☐	☐
_____	☐	☐	☐	☐

Zusammenleben – schön und schwierig

In welcher Weise kann das Zusammenleben hier schön sein?

Welche Schwierigkeiten oder Missverständnisse könnten auftreten?

Jeder ist anders – Das bin ich

Das kann ich besonders gut:

Davon träume ich:

Davor habe ich Angst:

Wenn ich ein Tier wäre, würde ich gerne ein… sein (Bild, Zeichnung)

Das mag ich überhaupt nicht:

Was kaum jemand von mir weiß:

Das fällt mir schwer:

Das sind meine Hobbys:

Meine Stärken und Schwächen

	1 schlecht	2 weniger gut	3 mittelmäßig	4 gut	5 sehr gut	Punkte
Ich kann eigentlich						
ganz gut logisch denken						
gut beobachten						
mich gut beherrschen						
mich gut ausdrücken						
genau arbeiten						
zusammenarbeiten						
Ich bin eigentlich						
ehrgeizig						
fröhlich						
hilfsbereit						
ideenreich						
verantwortungsbewusst						
risikobereit						
selbstbewusst						
neugierig						
Ich habe eigentlich						
Körperkraft						
technisches Verständnis						
Hand- und Fingergeschick						
					Summe:	

Nach: Klaus W. Vopel: Interaktionsspiele für Jugendliche. Salzhausen: iskopress, 4. Aufl. 1992.

- Kreuze bitte die für dich zutreffende Antwort an und schreibe dann in die rechte Spalte die entsprechende Punktzahl (1–5).
- Wer will, kann auch von einer anderen Schülerin/einem anderen Schüler das Blatt für sich ausfüllen lassen.
- Wenn ihr die Arbeitsblätter untereinander vergleicht, werdet ihr feststellen, dass niemand in allem ganz gut oder ganz schlecht ist und jeder seine Stärken und Schwächen hat.

Der Baum meiner Begabungen

- *Entdecke deine besonderen Begabungen, Fähigkeiten und Liebenswürdigkeiten und zeichne sie als Früchte an den Baum!*
- *Überlege, wer dir die gewissen Fähigkeiten und Fertigkeiten als Gabe (als Geschenk) mitgegeben hat, und trage dies im Wurzelbereich des Baumes ein!*
- *Wie kannst du deine Gaben für andere einsetzen? (Gaben als Aufgabe)*
- *Bist du so tief verwurzelt, dass du anderen in schwierigen Situationen beistehen kannst?*
- *Kannst du dich an Abmachungen halten oder werfen dich Widerstände um?*
- *Wenn dein Baum tief verwurzelt ist, wer ist der Boden?*

Unterschiede als Bereicherung erleben

- Wenn jeder Mensch einmalig ist und jeder Stärken und Schwächen hat, so heißt das …
  Ergänze die Sätze!

  Andere können etwas, was ich _____

  Ich kann etwas, was _____

  Andere können von mir etwas _____

  Ich kann von _____

- Wenn alle Menschen gleich wären, wäre es doch langweilig. Andere Interessen, Fähigkeiten und Erfahrungen sind Möglichkeiten, Neues zu entdecken. Unterschiede bereichern das Leben.
  Was kannst du von einem Baby lernen?

  _____

  _____

  Was kannst du von deinen Eltern lernen?

  _____

  _____

  Was kannst du von einem Kind ausländischer Herkunft lernen?

  _____

  _____

Gemeinschaft werden – ICH

Selbsteinschätzung: Das kann ich gut, das kann ich nicht so gut

Forme ein Bild von dir: ◯   So bin ich

☐   Das kann ich gut

△   Das kann ich nicht (so) gut

Klebe hier ein Foto von dir ein!

Selbsteinschätzung: Das kann ich gut, das kann ich weniger gut

- Wenn dir nicht sofort etwas einfällt, lies die folgenden Anregungen durch!

Ich kann eigentlich
- gut zuhören
- Geschichten erzählen
- andere trösten
- Witze erzählen
- gut turnen
- singen
- malen
- basteln
- häkeln
- kochen
- gut organisieren
- mich gut orientieren (Ich finde mich überall zurecht)
- vorlesen
- günstig einkaufen
- gut rechnen
- aufräumen
- Handpuppen spielen
- Federball spielen
- töpfern
- gut rechnen
- gut schreiben
- Hausarbeit erledigen
- Gartenarbeit erledigen
- Fußball spielen
- Federball spielen
- Flöte spielen
- Rad fahren
- Computer spielen
- fest zupacken
- gut mit Tieren umgehen
- zärtlich sein
- helfen
- mich um alte Menschen kümmern
- Behinderten helfen
- jemandem eine Freude machen
- Erste Hilfe leisten
- mich für die Umwelt einsetzen
- Abfall im Wald sammeln
- Theater spielen
- allein sein
- **Ich kann noch etwas ganz Besonderes:**

Gemeinschaft werden: den anderen annehmen

Zeichnung: Erhard Walter

WENN DU MIT EINEM FINGER
AUF EINEN ANDEREN ZEIGST,
ZEIGEN DREI AUF DICH ZURÜCK.

- „Mit dem Finger auf jemanden zeigen" – Erzähle von Beispielen, in denen du dies schon einmal erlebt hast!

- Ergänze: „Wer über andere schlecht redet, sollte lieber…"

- Ahme die auf der Karikatur abgebildete Fingerstellung nach. Stimmt der Spruch?

Den anderen achten, verstehen und annehmen

Verena gehört zu den ruhigen Schülerinnen der Klasse. Häufig sitzt sie an ihrem Platz, kann sich nicht richtig konzentrieren und sieht zum Fenster hinaus. Der Lehrer ermahnt sie zwischendurch immer wieder mal zur Mitarbeit, will sie aber auch nicht immer vor der Klasse bloßstellen.
Silke, eine Mitschülerin, die eher zu den unruhigen Schülerinnen der Klasse gehört, leiht sich gerade von Marion, einer Schülerin, die hinter ihr sitzt, einen Zirkel aus, als ihr auffällt, dass Verena wieder nicht dem Unterricht folgt.
Sofort ruft sie zum Lehrer hinaus: „Verena schläft schon wieder im Unterricht, Herr Lehmann!"

- *Wie siehst du den Fall? Was soll der Lehrer tun? Was hättest du als Mitschülerin von Verena getan?*

- *Vergleiche die folgende Bibelstelle:*

> *Warum siehst du den Splitter im Auge deines Bruders, aber den Balken in deinem eigenen Auge bemerkst du nicht?*
> *Wie kannst du zu deinem Bruder sagen: Bruder, lass mich den Splitter aus deinem Auge herausziehen!, während du den Balken in deinem eigenen Auge nicht siehst?*
>
> Lk 6,41 f.

Einsetzen für andere

Sebastian ist ein schüchterner Mitschüler in der Klasse 5b. Sein großes Hobby ist allerdings das Musizieren in der Jugendkapelle. Eifrig übt er das Trompetenspiel. Heute geht er – anders als sonst – nur sehr ungern zur Probe. Er hatte in der letzten Woche drei Schularbeiten zu schreiben und musste sich zudem um seine kranke Schwester kümmern, die mit Fieber im Bett lag. Deshalb konnte er nicht wie gewohnt üben und weiß jetzt schon, dass die anderen darunter leiden müssen, weil er sein Stück nicht richtig spielen kann. Seinem Freund Jan hat er alles erzählt, aber dem Chorleiter gegenüber mag Sebastian nichts sagen.

- *Gibt es eine Lösungsmöglichkeit?*
- *Vergleiche die folgende Bibelstelle:*

> *Was ihr von anderen erwartet, das tut ebenso auch ihnen!*
>
> Aus Lk 6

Zeichen der Aufmerksamkeit

- *In welcher Weise können diese Situationen Zeichen der Aufmerksamkeit und Unterstützung sein?*

Unser Bauprojekt: das Haus der Klassengemeinschaft

Wir können unsere Klassengemeinschaft mit einem Haus vergleichen. Jedes Haus braucht ein Fundament, tragende Wände und Decken, ein schützendes Dach, Fenster und Türen usw.

- *Entscheidet euch in der Gruppe, welche „Bauelemente" für das Haus der Klassengemeinschaft wichtig sind! Welche Elemente sind die Grundlagen? Diese bilden die Basis des Hauses.*
- *Begründet die Anordnung der einzelnen Bauelemente!*

Rücksicht nehmen	Vertrauen	verzeihen können	
Mitarbeit	Verantwortung		
	Geduld haben	ehrlich sein	Ordnung
Humor	Fleiß		ausreden lassen
zuhören		hilfsbereit sein	
Dienste übernehmen			sich für andere einsetzen

Wir diskutieren miteinander – Regeln für ein vernünftiges Gespräch

Oftmals gibt es über eine Angelegenheit, die in der Klasse besprochen werden muss, verschiedene Meinungen. Sich mit einer Sache auseinander zu setzen, seine Meinung zu vertreten und mit geeigneten Argumenten ein Ziel zu verfolgen, ist das Recht jedes Einzelnen. Allerdings sollte man auch den anderen Mitschülern das gleiche Recht zugestehen. Um nun Streitigkeiten und wildes Durcheinanderschreien zu vermeiden, gilt es, bestimmte Regeln innerhalb einer Diskussion zu beherzigen.

Gesprächsregeln:

1. Wir gehen auf das Thema ein und schweifen nicht vom Kern der Sache ab.
2. Wir lassen den Sprecher ausreden.
3. Wir halten die Reihenfolge der Wortmeldungen ein.
4. Wir hören dem anderen zu, um zu verstehen, was er sagen will.
5. Wir bleiben sachlich und versuchen nicht, den anderen zu beleidigen.
6. Wir zeigen Verständnis für andere Meinungen, wenn sie nachvollziehbar sind.
7. Wir begründen unsere Meinung mit vernünftigen Argumenten.
8. Wir versuchen, sachlich zu argumentieren.
9. Wir schreien niemand an und lachen niemanden aus.
10. Wir lassen jeden, der will, zu Wort kommen.

Du siehst es so – ich sehe es anders

Ein Ufo landet auf der Erde. Die Außerirdischen sind aufgeregt. Sie sehen zum ersten Mal ein Huhn. Einer betrachtet es von oben, einer von unten, ein Dritter von hinten, ein anderer von der Seite. Jeder sieht das Huhn von einem anderen Standpunkt. So kommt es, dass jeder eine andere Beschreibung von dem ein und demselben Huhn verfasst und in den Bordcomputer einspeichern will. Die rechthaberischen Männer beginnen zu streiten. Jeder besteht darauf, dass nur seine Ansicht vom Huhn die einzig wahre ist.

Was sagt uns diese Geschichte?

Jeder sieht die Welt aus seiner persönlichen Sicht. Du siehst sie so – ich sehe sie anders. Und das, obwohl wir eigentlich das gleiche sehen, hören, fühlen, schmecken und erleben – nur eben aus verschiedenen Blickwinkeln. Das kann zu Missverständnissen führen. Deswegen braucht man nicht zu streiten. Allzuoft stellt sich heraus, dass jeder mehr oder weniger recht hat. Es ist also wichtig, die Meinung der anderen auch gelten zu lassen.

Gemeinschaft werden

Niemand von uns ist in allem _____ oder _____

Jeder hat _____ und _____

● Hier kannst du ein passendes Foto einkleben oder ein Bild malen.

Die Bibel gibt uns Hilfe für das Leben in der Gemeinschaft:

Was ihr von anderen erwartet, _____

2. Glauben und vertrauen – Gottes Weg mit Abraham

Lernziele:

Abraham als Mensch kennen lernen, der im Vertrauen auf Gott seinen Weg geht
In Weg-Stationen den vertrauenden Glauben Abrahams wahrnehmen
Erkennen, wie Menschen in Höhen und Tiefen ihres Lebens auf Gott hören
Entdecken, wie man den eigenen Glauben leben und ausdrücken kann

Abraham zog weg, wie der Herr ihm gesagt hatte (Gen 12,1–9)

2. Glauben und vertrauen – Gottes Weg mit Abraham

2.1 Auf dem Weg des Glaubens – Abraham lässt sich auf Gott ein

Vertrauen – „Ich verlasse mich auf Papa"
Ein Nomade
Abraham vertraut auf Gottes Verheißung und verlässt seine Heimat
Abraham und Lot trennen sich
Entscheidungsspiel
Abraham und Sara glauben und zweifeln
Drei Fremde besuchen Abraham
Abraham bittet um die Rettung von Sodom und Gomorra
Für andere eintreten
Grenzenloser Glaube
Was ist das für ein Gott?

2.2 Abraham – Vater des Glaubens

Abraham – Stationen des Glaubens
Eine Stimmungskurve gestalten

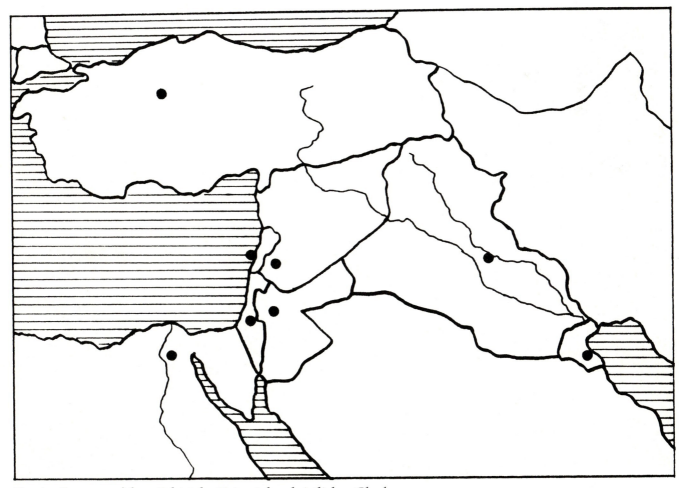

Heutige Staaten auf dem Gebiet der Heimat des christlichen Glaubens

Vertrauen – „Ich verlasse mich auf Papa"

Ein kleines Kind steht am Rand des Schwimmerbeckens.
Es möchte gern hineinspringen, traut sich aber nicht, weil es noch nicht schwimmen kann.
Der Papa ruft: „Spring herein, ich fange dich auf!"

- *Was wird passieren? Warum?*
- *Was denkt das Kind?*

_____

_____

_____

_____

_____

Ein kleines Kind steht am Rand des Schwimmerbeckens.
Es möchte gern hineinspringen, traut sich aber nicht, weil es noch nicht schwimmen kann.
Ein Fremder ruft: „Spring herein, ich fange dich auf!"

- *Was wird passieren? Warum?*
- *Was denkt das Kind?*

_____

_____

_____

_____

_____

Vertrauensübung: Blindenführung

Die Schüler/innen teilen sich in zwei Gruppen. Einer Gruppe werden die Augen verbunden, die andere Gruppe spielt den Blindenführer. Die „Sehenden" nehmen ihren Schützling am Oberarm und führen ihn so durch den Raum, dass sie nicht andere Kinder anrempeln, dass sie nicht stolpern, dass ihnen nichts passiert.
Nach einer Weile wechseln die Blindenführer. Im Raum wird nicht gesprochen. Die „Blinden" begeben sich ganz in die Abhängigkeit ihres Führers und vertrauen sich ihm an. Die Führung und der Wechsel der Führung wird körperlich erlebt.
Nach einer Weile wechseln die Gruppen.

- *Nachbesprechung:* *Wie habt ihr euch gefühlt? Wie hat euer Führer vermittelt, dass ihr die Richtung wechseln sollt? Gibt es gute und bessere Führer? Was ist Voraussetzung dieser Übung?*

Ein Nomade

- *Schau dir diesen Nomaden an! Betrachte sein Gesicht: Was haben seine Augen schon alles gesehen?*
- *Stell dir vor, er müsste bald wieder zu seiner nächsten Wanderung aufbrechen, welche Gedanken werden ihm dabei durch den Kopf gehen?*

Abraham vertraut auf Gottes Verheißung und verlässt seine Heimat

Abraham lebte vor ungefähr 4000 Jahren und seitdem wird von ihm erzählt. Er war ein Nomade, der mit seinen Herden von Schafen und Ziegen von Weideplatz zu Weideplatz zog, eingebunden in die immer gleiche Ordnung der Jahreszeiten und Wege. Seine Heimat war das Gebiet um Haran. Auch Ur in Chaldäa, zwischen den beiden Strömen Eufrat und Tigris, wird in der Bibel genannt. Seine eigentliche Heimat aber war seine Sippe, seine Familie, zu der er gehörte. Sie gab ihm Sicherheit, Schutz und Geborgenheit.

Sicherheit gab auch der Glaube. „Gott der Väter" nannten die Nomaden ihren Gott, weil er die Sippe seit undenklichen Zeiten beschützte. Zu ihm beten sie, ihm wurde an festgelegten Orten auf der Wanderschaft geopfert.

Und dann passiert etwas Außergewöhnliches:

> „Wir gehen fort", sagte Abraham.
> „Wir gehen fort? Ach was! Und wohin, wenn ich fragen darf?", antwortete Sara, seine Frau. Abraham zuckte mit den Achseln.
> „Gott hat es mir gesagt."
> „Wo hast du ihn denn gehört?"
> „In meinem Herzen. Seine Stimme hört man im Herzen oder auch im Kopf. Ich weiß es nicht so genau. Aber man weiß, dass es Seine Stimme ist. Und die hat gesagt:
> „Abraham, zieh fort aus deinem Land, verlass deine Verwandten und deine Freunde, und geh in ein Land, das ich dir zeigen werde."
> „So was! Und das Land hat er dir nicht genannt?"
> „Nein. Aber lass mich einen Augenblick nachdenken. Er hat noch mehr gesagt. Er hat mir etwas versprochen."
> „Versprochen? Was denn?" Sara schaute recht ungläubig drein, denn ihr kam das Ganze so merkwürdig vor. Ihr Mann war bisher so vernünftig gewesen. –
> „Er hat mir versprochen …"
> „Sag schon, *was* hat er dir versprochen?"
> „Ich werde dich zu einem großen Volk machen", hat er gesagt, und „ich werde dich segnen und deinen Namen groß machen. Und für alle Völker der Erde sollst du ein Segen sein."
>
> Sara konnte das nicht verstehen. Woher hatte Abraham diese Sicherheit, diesen festen Glauben? Sollte sie mit ihm gehen? Immerhin, die ganze Verwandtschaft zurücklassen, alle Freunde und Bekannte?
> Ganz sicher hat sie versucht, es ihrem Mann auszureden. Aber erreicht hat sie nichts.
> Und so begann sie eines Tages mit dem Packen. Alles, was man für den langen Weg in ein unbekanntes Land so braucht:
> Zelte und Zeltstäbe, Wolldecken und Schaffelle, Töpfe und Pfannen, Teller und Tassen, Messer und Löffel – damals war ja noch Steinzeit, und die Messer waren aus Feuerstein geschlagen, die Löffel waren aus Holz geschnitzt –, Kleider für die Hitze und warme Sachen für die Kälte. Alles schleppte sie zusammen, und Abraham half ihr.
> Ein paar Säcke Mehl haben sie sicher auch auf die Kamele und Esel geladen und dazu Wasserkanister, die aus Ziegenfell genäht waren …

In der Bibel, im Buch Genesis, heißt es weiter:
Da zog Abraham weg, wie der Herr ihm gesagt hatte, und mit ihm ging auch Lot. Abraham war 75 Jahre alt, als er aus Haran fortzog. Abraham nahm seine Frau Sara mit, seinen Neffen Lot und alle ihre Habe, die sie erworben hatten, und die Knechte und Mägde, die sie in Haran gewonnen hatten. Sie wanderten nach Kanaan aus und kamen dort an.

Abrahams Weg

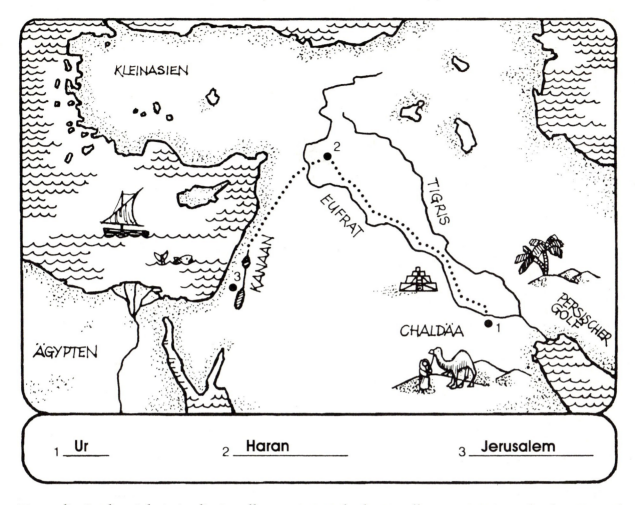

| 1 Ur | 2 Haran | 3 Jerusalem |

Trage die Städte richtig in die Landkarte ein! Male die Landkarte an! Besprecht den Weg Abrahams!

Rollenspiel

Die Klasse wird in Vierergruppen eingeteilt. Jede Gruppe erhält den folgenden Text, verteilt die Rollen (Sara, Lot, Hagar, Jussuf) unter sich und versucht, auf der Grundlage der Rollenbeschreibungen ein kleines Spiel zu entwerfen, das dann den anderen Schülerinnen und Schülern vorgeführt wird.

Abraham ruft alle Mitglieder seiner Sippe zusammen und fragt sie um Rat:
- Sara, seine Frau, meint, dass es unvernünftig ist, alles, was sich die ganze Familie mühevoll erarbeitet hat, zurückzulassen.
- Lot, sein Neffe, meint, es sei gefährlich, ohne den Schutz einer starken Sippe durch die Wüste zu ziehen, weil es da sicher auch Räuber und wilde Tiere gibt.
- Hagar, die Magd, glaubt, Abraham habe sich alles nur eingebildet.
- Jussuf, der Knecht, warnt davor, ins Unbekannte loszumarschieren, weil Abraham dort die Wege nicht kennt und in dieser Gegend möglicherweise zu wenig Nahrung und Wasser für die Tiere vorhanden ist.

Abraham und Lot trennen sich – Entscheidungsspiel

Nach einiger Zeit gelangen Abraham und Lot nach Kanaan. Auch dort ziehen sie von Zeit zu Zeit weiter. Die Suche nach Futter und Wasser für die Tiere bestimmt ihr Leben.

Abraham und seine Leute leben in Großfamilien (in Sippen) zusammen. Dies bedeutet für sie Schutz und Ordnung. Der Sippenvater sorgt für alles, was die Sippe braucht. Er übernimmt auch die Aufgabe des Richters.

Aus dem kleinen Neffen von Abraham ist ein junger Erwachsener geworden. Lot ist kräftig und ausdauernd. Er besitzt nun auch eine eigene Herde von Schafen, Ziegen und Kamelen. Auch ein paar Hirten hat Lot schon in den Dienst genommen. So konnte sich die Herde unter seiner tüchtigen Hand weiter vergrößern. Mit Abraham ist er weit herumgekommen, doch bisher hat immer Abraham die Sippe angeführt. Er möchte gerne selber einmal der Anführer sein, doch noch fehlt ihm die Erfahrung. Die Erfahrung, die man braucht, um Tiere und Menschen sicher durch die Wüste zu führen.

Abraham ist nicht mehr der Jüngste. Das Umherziehen wird für ihn immer beschwerlicher. Und das Land, in dem er sich momentan befindet, gefällt ihm. Eine gute Wasserquelle sorgt für ausreichend Wasser für seine große Herde. Allerdings sieht Abraham Schwierigkeiten auf sich zukommen. Seine eigene große Herde ist für das Weideland, auf dem sie jetzt lagern, eigentlich schon zu groß. Nun kommt die Herde von Lot noch hinzu. Es wird immer schwieriger, gute Weiden und Wasserstellen für alle Tiere zu finden. Eines Tages geraten die Hirten Lots mit den Hirten Abrahams in einen Streit um eine Wasserstelle.

Lots Hirten sagen: „In einiger Entfernung gibt es auch noch gute Weiden. Geht doch dorthin!"

„Geht zur Seite!", rufen Abrahams Hirten. „Abraham ist der ältere, seine Tiere müssen zuerst trinken!"

„Wir waren zuerst hier!", schreien die Hirten Lots zurück.

Abraham weiß: Wenn das so weitergeht, kann das schlimm enden. Es gibt nur eine Lösung: Einer muss gehen! Aber wer?

- *Teilt euch in Gruppen auf. Eine Hälfte ergreift Partei für Lot, die andere Hälfte für Abraham. Jede Gruppe hat die Aufgabe, eine Rede zu verfassen, in der sie die Wahl des fruchtbaren Landes für ihre Partei überzeugend begründet!*

- *Die Lösung des Konfliktes steht in Gen 13,8–12.*
  Was hältst du von der Lösung?

Entscheidungsspiel – Hinweise für Lehrer

Entscheidungsspiel:

Nun wird im Lehrer-Schüler-Gespräch versucht, die Argumente, die in den beiden Plädoyers zur Sprache kamen, zu gewichten. Zur Veranschaulichung kann eine Balkenwaage dienen, die aus einfachen Mitteln selbst hergestellt wurde (vgl. unten stehende Grafik).
Die Schüler/innen sollen das Gewicht der einzelnen Argumente jeweils selbst bestimmen. Hierbei empfehlen sich drei Abstufungen.

- schwerwiegendes Argument (z. B. drei Pfennigstücke o. Ä.)
- mittelgewichtiges Argument (z. B. zwei Pfennigstücke o. Ä.)
- leichtgewichtiges Argument (z. B. ein Pfennigstück o. Ä.).

Vermutlich werden die Argumente für Abraham sprechen. Die Waage wird sich voraussichtlich auf seiner Seite nach unten bewegen.

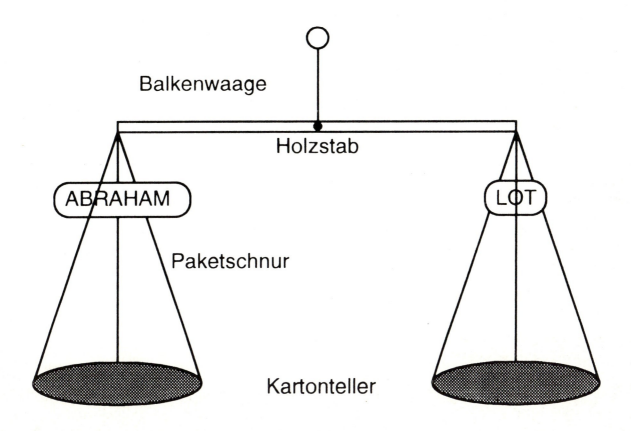

Begegnung und Auseinandersetzung mit dem Bibeltext

Im Anschluss an dieses Entscheidungsspiel kann die Begegnung mit Gen 13,1–13 erfolgen. Aus dem Vergleich der nun offensichtlichen Entscheidung Abrahams mit der augenfälligen Anzeige der Balkenwaage ergibt sich eine gute Diskussionsgrundlage.

Für das Gespräch könnten z. B. folgende Fragen hilfreich sein:

- Betrachte die Balkenwaage. Kannst du Abrahams Entscheidung verstehen? Warum (nicht)?
- Hättest du an Abrahams Stelle genauso gehandelt? Warum (nicht)?
- Verzichten – wer tut das schon gerne?
- Wie wird es dem Abraham wohl mit seiner Entscheidung nun ergehen? Wie geht es weiter?

Abraham und Sara glauben und zweifeln

Abraham und Sara waren nun schon sehr alt und immer noch kinderlos. Die Zusagen Gottes schienen sich nicht zu erfüllen. Der Gedanke an das Kind, das Gott ihnen versprochen hatte, ließ sie nicht mehr los. Sie fragten sich: „Hat Gott uns vergessen? Wird er sein Versprechen wahr machen?" Eines Abends saß Abraham in seinem Zelt und grübelte: „Was nützen mir meine Herden und mein ganzer Reichtum? Ich habe keinen Sohn, der sie erben könnte." Verbittert klagte er: „Wenn ich sterbe, wird einer meiner Diener mein Erbe sein."
Da vernahm er die Stimme Gottes:

> *„Fürchte dich nicht, Abraham, ich bin dein Schild; dein Lohn wird sehr groß sein.*
> *Abraham antwortete: Herr, mein Herr, was willst du mir schon geben? Ich gehe doch kinderlos dahin, und Erbe meines Hauses ist Elieser aus Damaskus. Und Abraham sagte: Du hast mir ja keine Nachkommen gegeben; also wird mich mein Haussklave beerben. Da erging das Wort des Herrn an ihn: Nicht er wird dich beerben, sondern dein leiblicher Sohn wird dein Erbe sein. Er führte in hinaus und sprach: Sieh doch zum Himmel hinauf und zähl die Sterne, wenn du sie zählen kannst. Und er sprach zu ihm: So zahlreich werden deine Nachkommen sein.*
> *Abraham glaubte dem Herrn, und der Herr rechnete es ihm als Gerechtigkeit an.*
>
> Gen 15,1–6

- *Stell dir vor, Abraham fängt an, die Sterne zu zählen. Nach einiger Zeit gibt er es auf, weil er verstanden hat. Was will Gott ihm mit diesem Beispiel sagen?*

- *Male das Bild, wie Abraham die Sterne zählt.*

Drei Fremde besuchen Abraham

Die Menschen in der Alten Welt glaubten, dass sich Gott in der Gestalt des Mitmenschen, besonders in der Gestalt eines schutzbedürftigen Gastes, verbergen könne. Wer dem Gast dient, der dient Gott. Auch von Abraham wird eine solche Geschichte erzählt.

Eines Mittags sitzt Abraham vor seinem Zelt im Schatten einer großen Eiche. Es ist die Zeit der größten Tageshitze und Abraham schläft ein wenig ein. Als er seine Augen wieder öffnet, stehen plötzlich drei Männer vor ihm. Es sind Fremde.

Abraham steht auf und sagt: „Euch wird warm sein und müde werdet ihr auch sein. Setzt euch in den Schatten dieses Baumes. Ich werde schnell Wasser holen lassen, damit ihr euch eure Füße waschen könnt. Ich werde für Brot sorgen, dann könnt ihr essen, bevor ihr weiterzieht."

Es geschieht nicht oft, dass Leute vorbeikommen, und deshalb ist Abraham froh, Besuch zu haben. Er gibt seinen Gästen nicht Brot, wie er gesagt hat. Er lässt ein Festmahl herrichten.

Schnell läuft er zu Saras Zelt und sagt: „Back aus dem besten Mehl ein paar Brote für unsere Gäste!"

Ein Knecht erhält den Auftrag, ein leckeres Stück Fleisch zu braten. Als es fertig ist, bringt Abraham es selbst zu den Gästen, dazu Butter und Milch. Während sie essen, bleibt er bei ihnen unter dem Baum. Er fragt sie, ob es ihnen schmeckt und ob sie noch etwas brauchen.

Sara bleibt im Zelt, so wie das alle Frauen damals taten, wenn ihr Mann Besuch hatte. Sie kann aber hören, was geredet wird, und sie späht auch ein wenig nach draußen, um zu sehen, was für Männer da bei Abraham zu Besuch sind.

Dann hört sie, dass die Männer Abraham fragen: „Wo ist deine Frau Sara?"
„Dort im Zelt", sagt Abraham erstaunt. Wie können die Männer wissen, dass seine Frau Sara heißt?

Sara ist nun auch neugierig geworden. Vorsichtig läuft sie zum Zelteingang und lauscht gespannt. Dann sagt einer der Männer: „Innerhalb eines Jahres wird deine Frau Sara einen Sohn haben."

Sara denkt: Soll ich nun noch ein Kind kriegen, wo ich doch schon so alt bin? Da muss sie lachen. Aber dann hört sie dieselben Stimmen sagen: „Warum lacht Sara? Und warum sagt sie: Soll ich nun noch ein Kind bekommen, wo ich doch schon so alt bin? Ist für Gott denn etwas unmöglich? In einem Jahr wird Sara einen Sohn haben."

Sara erschrickt. Sie hat nicht laut gelacht oder gesprochen. Wie ist es möglich, dass die Männer sie gehört haben? Sie sagt: „Ich habe nicht gelacht!" Dann hört sie die Worte: „Du hast wohl gelacht, Sara!"

Dann gehen die Gäste. Abraham schaut ihnen nach und sagt: „Dies waren keine gewöhnlichen Leute, Sara, das waren Boten Gottes!"

Ein Jahr später lachen Abraham und Sara vor Glück. Sie bekommen wirklich noch einen Sohn. Sie nennen ihn Isaak, das bedeutet: „der, der lacht".

Bildbetrachtung „Gastfreundschaft"

- *Stell dir vor, du würdest als Besucher in diese fremde Wohnung kommen! Was würde dir alles durch den Kopf gehen?*
- *Wäre der Besuch für dich eher angenehm oder eher unangenehm? Warum?*
- *Was ist das für ein Mann, der hier am Tisch sitzt? Was könnte er sagen? Was würdest du antworten?*
- *Was meinst du, ist der Besuch willkommen?*
- *Was würdest du dem Gastgeber sagen, wenn du freundlich von ihm empfangen wirst?*
- *Auch bei dir zu Hause sind ab und zu Gäste eingeladen. Wie läuft so ein Besuch normalerweise ab?*
- *Welche Gründe haben wir eigentlich, dass wir uns oft sehr viel Mühe geben, wenn Gäste kommen?*
- *„So einer käme mir nicht ins Haus!" – Hast du dies schon einmal gedacht? Warum?*
- *Gibt es eine Begegnung mit einem Gast, die du nicht vergessen kannst? Warum?*
- *Das Gastrecht ist in vielen Kulturen etwas Heiliges. Warum? Welche Verbindung siehst du zu dem Verhalten Abrahams?*

Abraham bittet um die Rettung von Sodom und Gomorra

Der Herr sprach: Das Klagegeschrei über Sodom und Gomorra, ja, das ist laut geworden, und ihre Sünde, ja, die ist schwer. Ich will hinabgehen und sehen, ob ihr Tun wirklich dem Klagegeschrei entspricht, das zu mir gedrungen ist. Ich will es wissen. Die Männer wandten sich von dort ab und gingen auf Sodom zu.

Abraham aber stand noch immer vor dem Herrn. Er trat näher und sagte: Willst du auch den Gerechten mit den Ruchlosen wegraffen? Vielleicht gibt es fünfzig Gerechte in der Stadt: Willst du auch sie wegraffen und nicht doch dem Ort vergeben wegen der fünfzig Gerechten dort? Das kannst du doch nicht tun, die Gerechten zusammen mit den Ruchlosen umbringen. Dann ginge es ja dem Gerechten genauso wie dem Ruchlosen. Das kannst du doch nicht tun. Sollte sich der Richter über die ganze Erde nicht an das Recht halten? Da sprach der Herr: Wenn ich in Sodom, in der Stadt, fünfzig Gerechte finde, werde ich ihretwegen dem ganzen Ort vergeben. Abraham antwortete und sprach: Ich habe es nun einmal unternommen, mit meinem Herrn zu reden, obwohl ich Staub und Asche bin. Vielleicht fehlen an den fünfzig Gerechten fünf. Wirst du wegen der fünf die ganze Stadt vernichten? Nein, sagte er, ich werde sie nicht vernichten, wenn ich dort fünfundvierzig finde. Er fuhr fort, zu ihm zu reden: Vielleicht finden sich dort nur vierzig. Da sprach er: Ich werde es der vierzig wegen nicht tun. Und weiter sagte er: Mein Herr zürne nicht, wenn ich weiterrede.

Vielleicht finden sich dort nur dreißig. Er entgegnete: Ich werde es nicht tun, wenn ich dort dreißig finde. Darauf sagte er: Ich habe es nun einmal unternommen, mit meinem Herrn zu reden. Vielleicht finden sich dort nur zwanzig. Er antwortete: Ich werde sie um der zwanzig willen nicht vernichten. Und nochmals sagte er: Mein Herr zürne nicht, wenn ich nur noch einmal das Wort ergreife. Vielleicht finden sich dort nur zehn. Und wiederum sprach er: Ich werde sie um der zehn willen nicht vernichten. Nachdem der Herr das Gespräch mit Abraham beendet hatte, ging er weg und Abraham kehrte heim.

Gen 18,20–33

- *Lest die Geschichte mit vertauschten Rollen!*
- *Warum feilscht Abraham mit Gott? Wie begründet er seine Rettungsversuche?*
- *In dieser Geschichte geht es auch um die Darstellung der Eigenschaft Abrahams und Gottes. Welche Eigenschaften werden deutlich?*
- *Heute kennen wir die Redewendung „Da geht es zu wie in Sodom und Gomorra". Was ist damit gemeint?*

Sicher fragst du dich, warum Abraham mit der Zahl zehn aufgehört hat zu verhandeln und nicht weiter verhandelt hat. Dies liegt daran, dass eine Gruppe erst mit zehn Personen anfing. Von eins bis neun handelte es sich um einzelne Menschen und diese können gerettet werden. So geschieht es auch in Gen 19: Lot wird zusammen mit seiner Frau und seinen beiden Töchtern aus der Stadt geführt und gerettet. Sodom und Gomorra aber werden bis auf den Grund zerstört.

Die Vertilgung Sodoms, Kupferstich von Matthäus Merian

Für andere eintreten

- *Abraham setzt sich für die Einwohner von Sodom und Gomorra ein. Bist du auch schon einmal für andere eingetreten?*
- *Suche Bilder oder Zeitungsberichte, in denen Menschen für andere eintreten, und klebe sie auf!*

Warum befreien Sie Kinder, Craig Kielburger?

Alles fing damit an, dass ich vor der Schule meine Cornflakes aß und in der Zeitung blätterte. Da stand: „Zwölfjähriger Kämpfer gegen Kinderarbeit getötet." Darunter ein Foto: ein kleiner indischer Junge mit geballter Faust. Ich las von Kindern in Indien, die von ihren Eltern aus Geldnot an Fabriken verkauft und an Webbänke angekettet werden, deren blutende Hände Vorarbeiter in heißes Öl tauchen. Ich konnte nicht fassen, dass heute noch Kinder so gequält werden. In unserer Garage habe ich mit ein paar Schulfreunden „Free your children" gegründet. Wir haben Petitionen an Regierungen geschickt, Feriencamps organisiert und sogar einige Kinder aus Fabriken freigekauft. Damals war ich erst zwölf. Jetzt gibt es „Free your children" weltweit. Al Gore, der amerikanische Vizepräsident, hat mich schon einmal eingeladen und ich hatte auch eine Audienz beim Papst. Aber das ist alles nicht so wichtig, es geht um die Kinder. Manche fragen mich, warum ich das mache, das ist doch auch Kinderarbeit. Das finde ich zynisch, wenn man weiß, dass pakistanische Kinder jahrelang am Boden sitzen und Lederfußbälle zusammennähen, mit denen sie niemals spielen dürfen.

Protokoll: Hannes Roß

Aus: Die ZEIT, Nr. 52, 1998

Craig Kielburger, 15, stammt aus Toronto in Kanada. Der Schüler ist Gründer der weltweiten Organisation „Free your children", die sich gegen Kinderarbeit einsetzt. Kürzlich ist sein autobiographischer Roman „Befreit die Kinder" im Econ Verlag erschienen.

Grenzenloser Glaube

Gott hält sein Versprechen Abraham und Sara gegenüber. Sara brachte zu vorausgesagter Zeit ihren Sohn Isaak zur Welt. Dieser wuchs schnell heran. Seine Eltern liebten ihn über alles. Doch eines Tages geschah etwas Unglaubliches. Um Abrahams Glauben nochmals zu prüfen, stellt Gott ihn auf die Probe:
Gott sprach:
Nimm deinen Sohn, deinen einzigen, den du liebst, Isaak; geh in das Land Morija und bring ihn dort auf einem der Berge, die ich dir nenne, als Brandopfer dar!
Frühmorgens stand Abraham auf, sattelte seinen Esel, holte seine beiden Jungknechte und seinen Sohn Isaak, spaltete Holz zum Opfer und machte sich auf den Weg zu dem Ort, den ihm Gott genannt hatte. Als Abraham am dritten Tag aufblickte, sah er den Ort von weitem. Da sagte Abraham zu seinen Jungknechten: Bleibt mit dem Esel hier! Ich will mit dem Knaben hingehen und anbeten; dann kommen wir zu euch zurück.
Abraham nahm das Holz für das Brandopfer und lud es seinem Sohn Isaak auf. Er selbst nahm das Feuer und das Messer in die Hand. So gingen beide miteinander.
Nach einer Weile sagte Isaak zu seinem Vater Abraham: Vater!
Er antwortete: Ja, mein Sohn!
Dann sagte Isaak: Hier ist Feuer und Holz. Wo aber ist das Lamm für das Brandopfer?
Abraham entgegnete: Gott wird sich das Opferlamm aussuchen, mein Sohn. Und beide gingen miteinander weiter.

Als sie an den Ort kamen, den ihm Gott genannt hatte, baute Abraham den Altar, schichtete das Holz auf, fesselte seinen Sohn Isaak und legte ihn auf den Altar, oben auf das Holz. Schon streckte Abraham seine Hand aus und nahm das Messer, um seinen Sohn zu schlachten. Da rief ihm der Engel des Herrn vom Himmel her zu: Abraham, Abraham!
Er antwortete: Hier bin ich!
Jener sprach: Streck deine Hand nicht gegen den Knaben aus, und tu ihm nichts zuleide! Denn jetzt weiß ich, dass du Gott fürchtest; du hast mir deinen einzigen Sohn nicht vorenthalten.
Als Abraham aufschaute, sah er: Ein Widder hatte sich hinter ihm mit seinen Hörnern im Gestrüpp verfangen. Abraham ging hin, nahm den Widder und brachte ihn statt seines Sohnes zum Brandopfer dar. Darauf kehrte Abraham zu seinen Jungknechten zurück. Sie machten sich auf und gingen miteinander nach Beerscheba. Abraham blieb in Beerscheba wohnen.

Aus Gen 22

Die Geschichte von Abrahams Prüfung.
Radierung von Rembrandt aus dem Jahr 1655

- *Wie empfindest du den Text? Was sagst du zu dem Verhalten Abrahams? Wie empfindest du die Forderung Gottes?*

Was ist das für ein Gott?

Die Gefahr ist groß, dass du diese Geschichte falsch verstehst. Sie gilt nämlich als einer der schwierigsten innerhalb der Erzählungen über Abraham. Du musst dich in die Gedanken und Bräuche der Menschen damals hineinversetzen, um den Sinn zu erforschen!

Im Mittelpunkt steht für den Leser sicher die Forderung Gottes, Abraham solle seinen Sohn Isaak opfern. Gerade dies ist aber nicht die Absicht Gottes – ganz im Gegenteil, der Gott Abrahams ist ein Gott des Lebens. Du musst aber wissen, dass zu Abrahams Zeiten es üblich war, den Göttern die männlichen Erstgeborenen, eben die Söhne, zu opfern. Dies geschah bei den Nachbarvölkern.

Diese Geschichte will im Gegensatz dazu aufzeigen, dass der Gott Abrahams gerade dies nicht will. Der Gott Abrahams will keine Menschenopfer, er ersetzt sie vielmehr durch ein Tieropfer. Dies ist der eine Schwerpunkt dieser Erzählung.

Der zweite Schwerpunkt liegt in der Person Abrahams begründet. Seinen Weg in Ehrfurcht vor Gott zu gehen und sich seiner führenden Hand anzuvertrauen – dazu fordert diese Geschichte auf. Abraham gilt als „der Vater des Glaubens". In den Geschichten, die wir gelesen haben, wird deutlich, was mit „glauben" gemeint ist.

- *Ordne die folgenden Geschichten den Merkmalen von Abrahams Glauben zu:*

> Abraham und Lot – Abraham verlässt seine Heimat – Abraham und Isaak – Abraham und Sara – Abraham und die drei Fremden – Abraham setzt sich für Sodom und Gomorra ein

Abraham geht neue Wege _____

Er tritt für Frieden und Gerechtigkeit ein _____

Abraham glaubt und zweifelt _____

Abraham nimmt Fremde freundlich auf _____

Abraham tritt für andere ein _____

Abraham vertraut dem Gott des Lebens _____

Ergänze:

Menschen sind wie Abraham, wenn sie

– _____

– _____

– _____

Abraham – Vater des Glaubens

Hier findest du einige Stationen seiner Glaubensentwicklung. Wenn du sie in die richtige Reihenfolge bringst, ergeben sie das Lösungswort! Es bezeichnet eine Eigenschaft, die Abraham Gott entgegenbringt!

E Gott stellt Abraham auf die Probe. Dieser soll seinen Sohn als Brandopfer darbringen. Abraham ist bereit, dieses Opfer zu bringen. Doch Gott will keine Menschenopfer.

T Abraham und Sara zweifeln am Versprechen Gottes, ihnen Nachkommen zu schenken. Beim Blick in den nächtlichen Sternenhimmel spürt Abraham die Nähe Gottes und gewinnt sein Vertrauen an Gott zurück.

U Gott hält sein Versprechen Abraham und Sara gegenüber. Sara bringt zur vorausgesagten Zeit ihren Sohn Isaak zur Welt. Gott hat sein Versprechen gehalten.

A In Sodom und Gomorra leben die Menschen ohne Gott. Trotzdem setzt sich Abraham vor Gott für die Städte ein und erreicht für Lot die Rettung.

E Die Geschichte von Abraham beginnt mit einer Zumutung: Er soll seine Heimat, seine Verwandten und Freunde verlassen. Das ist für einen Menschen des Altertums, der noch ganz in die Großfamilie eingebettet war, eine große Herausforderung. Gott verspricht ihm dafür Nachkommen und seinen Segen. Darüber hinaus soll er noch Land zum Leben erhalten und berühmt werden.

N Gott will kein Menschenopfer, sondern nimmt nur ein Tieropfer an – anders als dies bei den Nachbarvölkern der Brauch ist. Abraham erkennt: Mein Gott ist ein Gott des Lebens.

V Abraham lebt als Nomade innerhalb seiner Sippe, die ihm Schutz und Geborgenheit gibt. „Gott der Väter" nannten die Nomaden ihren Gott, weil er die Sippe seit undenklichen Zeiten beschützte.

R Abraham und sein Neffe Lot machen sich mit ihren Sippen auf den Weg ins Unbekannte. Weil es nicht genügend Wasserstellen und Weideplätze für die Tiere gibt, kommt es zu einem Streit. Abraham stellt den Frieden wieder her, indem er Lot den Vortritt lässt.

R Drei Fremde kommen zu Besuch. Abraham nimmt sie gastfreundlich auf. Einer der Fremden wiederholt die Verheißung Gottes, Abraham einen Sohn zu schenken. Abraham erkennt: „In den Fremden ist mir Gott begegnet."

Lösungswort: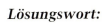

Abraham – Stationen des Glaubens

- Wie Abraham werden auch wir in unserem Leben und Glauben herausgefordert.
  Wie könntest du Abrahams Beispiel folgen?

Abraham	*ICH*
– vertraut auf Gottes Verheißung	
– lässt Lot den Vortritt	
– zweifelt und hofft	
– begegnet in den Fremden Gott selbst	
– bittet um Rettung für Sodom und Gomorra	
– würde seinen Sohn opfern	

- *Zeichne, was dich von den Abraham-Erzählungen am meisten beeindruckt hat!*

Eine Stimmungskurve gestalten (Lehrerinformation)

Im Rückblick auf die vorausgegangenen Unterrichtsstunden schreiben die Schüler/innen wichtige Stationen aus Abrahams Leben auf Kärtchen und heften diese an die Tafel. In einem ersten Schritt werden diese der Reihenfolge nach als Lebenslinie Abrahams in der Waagrechten angeordnet.

| Abraham zieht weg. | Gott verspricht Abraham Land. | Abrahams und Lots Hirten streiten sich. | Abraham und Lot trennen sich. | |

Im Anschluss daran wird diese Lebenslinie zu einer Stimmungskurve umgestaltet:
Durch Versetzen der Kärtchen nach oben oder unten versuchen die Schüler/innen, die Gefühlslage Abrahams in der jeweiligen Situation darzustellen. In der oberen Hälfte der Tafel hängen jene Kärtchen, die Freude und Hoffnung ausdrücken. In der unteren Hälfte hängen die Kärtchen, die Angst, Zweifel, Bedrohung ausdrücken. Je intensiver die mit den Kärtchen verbundenen Erfahrungen Abrahams sind, umso höher bzw. tiefer werden diese angeordnet.

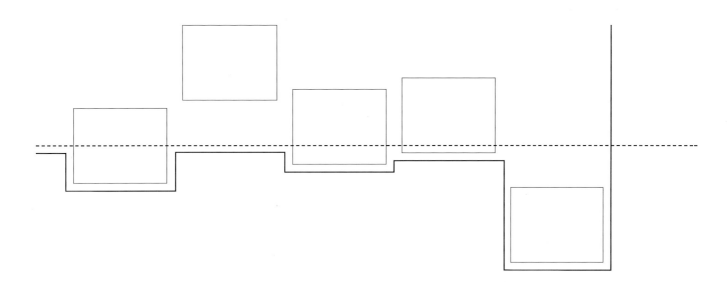

„Mein Lebensweg" (Schüler erstellen eine Verlaufskurve)

Im Anschluss an die Besprechung der Stimmungskurve Abrahams schreiben die Schüler/innen wichtige Ereignisse und Erlebnisse (z. B. Kindergarten, erster Schultag, Geburt von Geschwistern, Urlaubserlebnisse, Erfolg im Sport, Unfall …) auf kleine Kärtchen und erstellen analog zu der Stimmungskurve Abrahams eine eigene Stimmungskurve im Heft. Im weiteren Verlauf des Unterrichts vergleichen die Schüler/innen ihre Lebenskurve mit der Abrahams und erläutern Gemeinsamkeiten und Unterschiede.

3. Zeit haben für sich und für andere – Zeit haben für Gott

Lernziele:

Die Bedeutung von Zeit-Inseln zum Miteinander-Sprechen, Pausen zum Ausspannen und Nachsinnen bewusst machen
Grundhaltungen des Betens einüben
Sich von Gott ansprechen lassen
Formen des Betens entwickeln
Erfahren, dass beten miteinander verbinden kann
Wichtige Feste und Feiern als Höhepunkte der Glaubensgemeinschaft erleben

3. Zeit haben für sich und für andere – Zeit haben für Gott

3.1 Ruhe und Geborgenheit finden – Mit Gott verbunden sein

Ruhig ist es selten – Mein Wochenplan
Ruhig ist es selten – Ich, heute
Ich komme zur Ruhe – Stilleübung
Ich komme zu Ruhe
Ich finde meine Mitte
Meditieren – nicht ganz einfach

3.2 Hören und sehen – sich von Gott ansprechen lassen

Was veranlasst uns zu beten?
Formen des Gebets
Gebetshaltungen haben verschiedene Bedeutung
Beten
Beten – mit Gott reden

3.2 Miteinander glauben und beten – Feste und Feiern im Kirchenjahr

Das Kirchenjahr – Feste und Festzeiten
Christliche Feste – Symbole und Brauchtum
Vorschlag zu „Aktionen"
Was gehört für dich zum Weihnachtsfest?
Quiz rund um Weihnachten

Ruhig ist es selten – Mein Wochenplan

- *Trage ein wie du während der Schulzeit (während der Ferien) in der Woche normalerweise deine Zeit verbringst!*

Zeit	Montag	Dienstag	Mittwoch	Donnerstag	Freitag	Samstag	Sonntag
8– 9							
9–10							
10–11							
11–12							
12–13							
13–14							
14–15							
15–16							
16–17							
17–18							
18–19							
19–20							
20–21							
21–22							
22–23							
23–24							

- *Wann hast du Zeit für deine Freunde, Familie, für dich, für Gott?*

Ruhig ist es selten – Ich, heute

Schreibe auf:

a) *Was für Geräusche hast du heute schon gehört?*

_____

_____

b) *Welche Termine/Unternehmungen stehen heute an?*

_____

_____

c) *Welche „wichtigen" Dinge gehen dir durch den Kopf, was musst du heute noch tun?*

_____

_____

d) *Wann hast du heute Zeit, nichts zu tun?*

_____

_____

e) *Zeichne den Aktions- und Ruheteil des heutigen Tages anteilmäßig in den Streifen ein!*
   (Aktion = rot, Ruhe = blau!)

_____

Ich komme zur Ruhe – Stilleübungen zum Unterrichtsbeginn – Hinweise für Lehrer

* **Sitzkreis**

Der Rücken soll nicht die Lehne berühren. Die Füße stehen hüftbreit, die Sohlen stehen ganz auf dem Fußboden. Der Oberkörper ist aufgerichtet. Die Hände ruhen auf den Oberschenkeln. Der Atem ist gleichmäßig. Die Augen sind geschlossen.
(Voraussetzungen für das Bewusstmachen von Ruhe und weiterer Empathieübungen.)

- **Stille hören:**
  Die Schüler/innen sitzen am Tisch. Der Lehrer/die Lehrerin bittet sie, den Kopf auf die Hände und auf den Tisch zu legen und die Augen zu schließen. „Hört auf die Stille. Erzählt nachher, was ihr in der Stille gehört habt." Eventuell aufschreiben.

- **Etwas hören, was ich heute noch nicht gehört habe:**
  Fenster öffnen und mit geschlossenen Augen die Außengeräusche hören. „Was habe ich heute noch nicht gehört?"

- **Stille auf Tonband:**
  Die Schüler/innen werden aufgefordert, ganz still zu sein. Die Stille wird mit dem Tonband aufgenommen und anschließend gemeinsam angehört.

- **Eine Minute still stehen:**
  Der Lehrer/die Lehrerin bittet die Schüler/innen aufzustehen und sich aufgrund des eigenen Zeitgefühls nach einer Minute zu setzen. Der Lehrer/die Lehrerin schaut auf die Uhr und gibt anschießend bekannt, wer sich tatsächlich nach genau einer Minute gesetzt hat.

- **Stummer Stuhlkreis:**
  Der Lehrer/die Lehrerin fordert die Schüler/innen auf, sich im Stuhl- oder Sitzkreis zu versammeln, ohne dabei Geräusche zu machen. Die einzelnen Schüler/innen können durch Augenzwinkern aufgerufen werden oder der Reihe nach aufstehen.

- **Sprachlose Reihe:**
  Der Lehrer/die Lehrerin fordert die Schüler/innen auf, sich der Größe (oder dem Geburtstag) nach in einer Reihe aufzustellen. Es ist jede Kommunikation erlaubt, nur nicht mit Worten.

- **Geräusche hören:**
  Maximal zehn Geräusche (Motorengeräusch, Läuten eines Weckers, eines Telefons, Tierstimmen, Regentropfen, Windrauschen, Schritte, Türöffnen etc.) werden auf Tonband aufgenommen und den Schüler/innen vorgespielt. Nach dem Anhören sollen die Schüler/innen die Geräusche der Reihe nach aufschreiben.

Ich komme zur Ruhe

- *Stell dir vor, du stehst an einem Waldesrand und beobachtest die vor dir liegende Landschaft. Fühle dich in diesen Sommertag hinein!*

Ich spüre _____

_____

Ich höre _____

_____

Ich rieche _____

_____

Ich sehe _____

_____

Ich fühle _____

_____

Ich schmecke _____

_____

Ich träume _____

_____

Ich finde meine Mitte

- *Sitz entspannt an deinem Platz! Leg dir genügend Farbstifte bereit! Lass dir beim Malen Zeit!*
- *Nach dem Malen: Stelle dein Mandala vor, höre dir die Meinungen deiner Mitschüler an! Kann das Mandala etwas über deinen Mitschüler aussagen?*

Meditieren – nicht ganz einfach

Betrachte das Bild
still und in aller Ruhe.

Sieh dir die Farben
und Formen an.

Das Bild will dir
etwas sagen.

Versetze dich in das Bild hinein!
Was geht dir dabei durch den Kopf?
Woran denkst du? Was verbindest
du mit diesem Bild?

Könntest du diesem Bild einen (neuen)
Namen geben? Was sagt es für dich aus?

Hören und sehen – sich von Gott ansprechen lassen

Was will dieses Sprichwort sagen?

> „Gott hat uns zwei Ohren und nur einen Mund gegeben, damit wir mehr zuhören und weniger reden."
>
> Afrikanisches Sprichwort

- *Wenn wir aufmerksam hören und sehen, können wir uns von Gott ansprechen lassen. Was kannst du in den folgenden Beispielen hören, was kannst du sehen?*

- *Welche Musikstücke, welche Bilder können dich zum Nachdenken bringen?*
- *Was verbindest du mit den folgenden Bildern?*
- *Welche Situationen mit Menschen bringen dich zum Nachdenken?*

Was veranlasst uns zu beten?

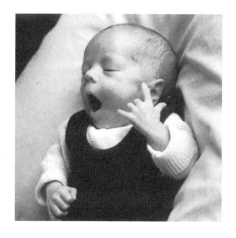

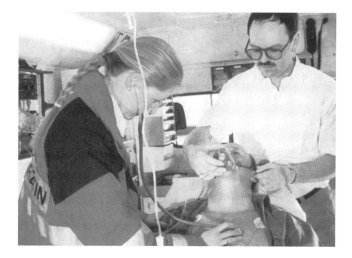

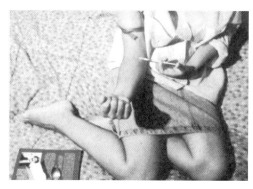

Plötzlich und für mich unerwartet, verstarben mein geliebter Papa, meine herzensgute Mama und liebe Schwester

Adolf Trendl und Ingrid Trendl
geb. Guderian

Melanie Trendl

Formen des Gebetes

Freie Formen des Gebets

Beim freien Beten drückt man mit eigenen Worten aus, was einem momentan am Herzen liegt. Der Anlass können Erlebnisse der Freude, der Trauer, der Angst oder der Hoffnung sein. Es gibt viele Gründe zu beten.

Die kleine Kathrin (3 Jahre) betet: *Lieber Gott, hab die Kathrin lieb!*
Maximilian (6 Jahre) betet: *Meine Eltern passen immer auf mich auf. Lieber Gott, ich danke dir!*
Susanne (12 Jahre) betet: *Ich habe meine Freundin Bianca angeschummelt. Ich will versuchen, ihr zu erzählen, wie es wirklich war. Bitte hilf mir!*

Feste Formen des Gebets

Feste Formen von Gebeten sprechen wir vor allem dann, wenn wir gemeinsam beten wie z. B. in der Kirche, weil nur so ein gemeinsames Beten möglich ist.
Als die wichtigsten gelten u. a. die Grundgebete:

– „Im Namen des Vaters und des Sohnes und des Heiligen Geistes. Amen." (wird beim Sich-Bekreuzigen gebetet)

– Das Gebet des Herrn: Vater unser im Himmel,
Geheiligt werde dein Name.
Dein Reich komme.
Dein Wille geschehe, wie im Himmel so auf Erden.
Unser tägliches Brot gib uns heute.
Und vergib uns unsere Schuld,
wie auch wir vergeben unsern Schuldigern.
Und führe uns nicht in Versuchung,
sondern erlöse uns von dem Bösen.
Denn dein ist das Reich und die Kraft und die Herrlichkeit
in Ewigkeit. Amen.

Gebetshaltungen haben verschiedene Bedeutung

● *Ordne den jeweiligen Gebetshaltungen (fett gedruckt) die entsprechenden Bedeutungen (kursiv) zu!*

sitzen	**Weihwasser nehmen**
knien	*Ich bin bereit zum Dienst. Ich stehe Gott zur Verfügung.*
Mit diesem Zeichen hatten die Ritter ihre Hände in die Hände des Königs gelegt und Treue geschworen.	*Herr, du hast meine Aufmerksamkeit.*
das Kreuzzeichen machen	*Ich bete Gott an. Er ist das Geheimnis des Lebens.*
Ich denke daran, dass ich getauft bin.	**stehen**
die Hände falten	*Ich nehme mir Zeit, ruhig und aufmerksam hinzuhören und nachzudenken.*
Du hast mich gerufen, hier bin ich!	**einander die Hand reichen**
Kniebeuge	*Meine Eltern haben mir bei der Taufe dieses Zeichen auf die Stirn gemacht.*
Ich bin zum Frieden mit meinen Mitmenschen bereit.	**An den Platz gehen**

Beten – Hinweise für Lehrer

Witze können den Unterricht an passender Stelle auflockern. Niemand hat behauptet, dass im Religionsunterricht nicht gelacht werden darf.

„Und bitte sorge dafür, lieber Gott, dass ich morgen endlich mal ein artiger Junge bin!"

Der kleine Fritz ist bei Verwandten zu Besuch. Beim Mittagessen wundert er sich über das Tischgebet. Seine Kusine fragt ihn, ob er denn zu Hause nicht bete.
Fritzchen: „Wir brauchen das nicht. Unsere Mutti kann kochen!"

Am Abend nach der Klassenarbeit betet der kleine Fritz: „Und bitte, lieber Gott, lass London die Hauptstadt von Frankreich sein!"

Aus: Harald Lehmann, Beten – wie Christus es gelehrt hat. Offenbach: av edition, 1994

Zum Thema „Beten" kann in der Klasse im Laufe des Schuljahres auch im musischen Bereich gearbeitet werden:

- Singen: Erstellen eines Klassensingbuches
- Malen: Erstellen eines Kirchenjahrkalenders (folgendes Thema!)
- kreatives Schreiben von Gebeten: Erstellen eines Klassengebetbuches

Beten – mit Gott reden

- *Klebe ein Bild eines Ereignisses ein, von dem du der Meinung bist, dass es einen Anlass zum Beten darstellt!*

Ich glaube, dass diese Situation ein Anlass zum Beten sein kann, weil

_____

_____

Beten heißt: _____

Unterschiedliche Situationen veranlassen die Menschen zu beten: Dies sind z. B. Situationen von

_____.

Beim Sprechen von Gebeten unterscheiden wir zwischen _____ und

_____ Formen.

Feste Formen sind Voraussetzung dafür, dass wir _____ beten können.

Dieses Beten findet vor allem in der Kirche statt.

Eine Fülle von Zeichen, Symbolen, Haltungen und Bräuchen hat sich in der Kirche entwickelt:

_____

_____

Es sind keine belanglosen Äußerlichkeiten, sondern Ausdruck unseres Glaubens. Eine angemessene Körperhaltung beim Gebet und im Gottesdienst geben Zeugnis ab über die innere Einstellung zum Beten und zum Mitmenschen, der in der Kirche betet.

Miteinander glauben und beten – Feste und Feiern im Kirchenjahr

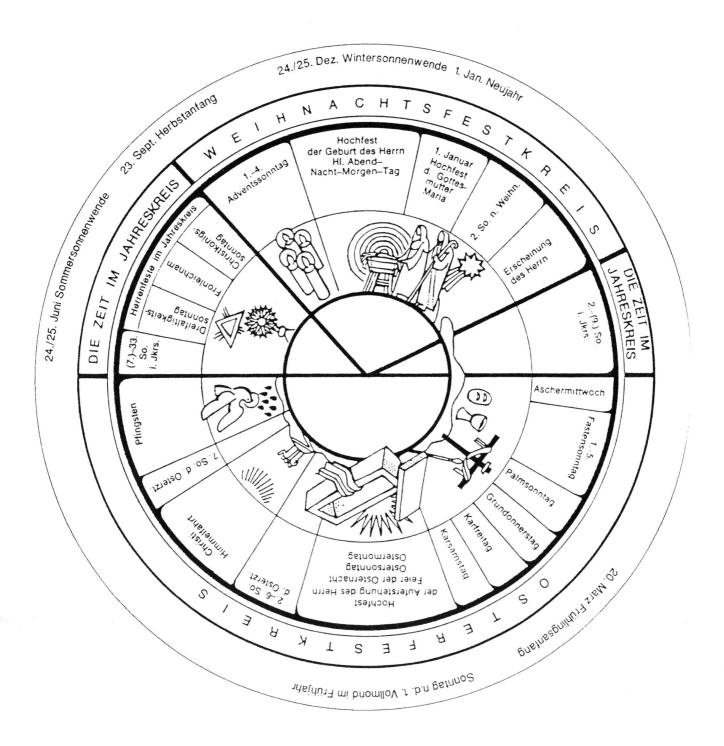

Das Kirchenjahr: Feste und Festzeiten

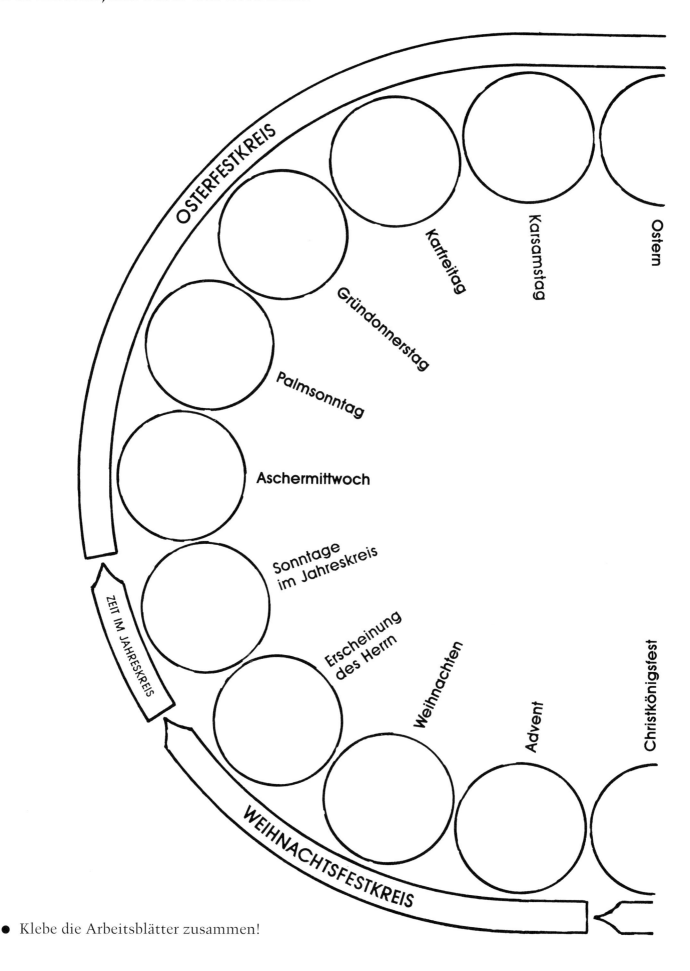

- Klebe die Arbeitsblätter zusammen!

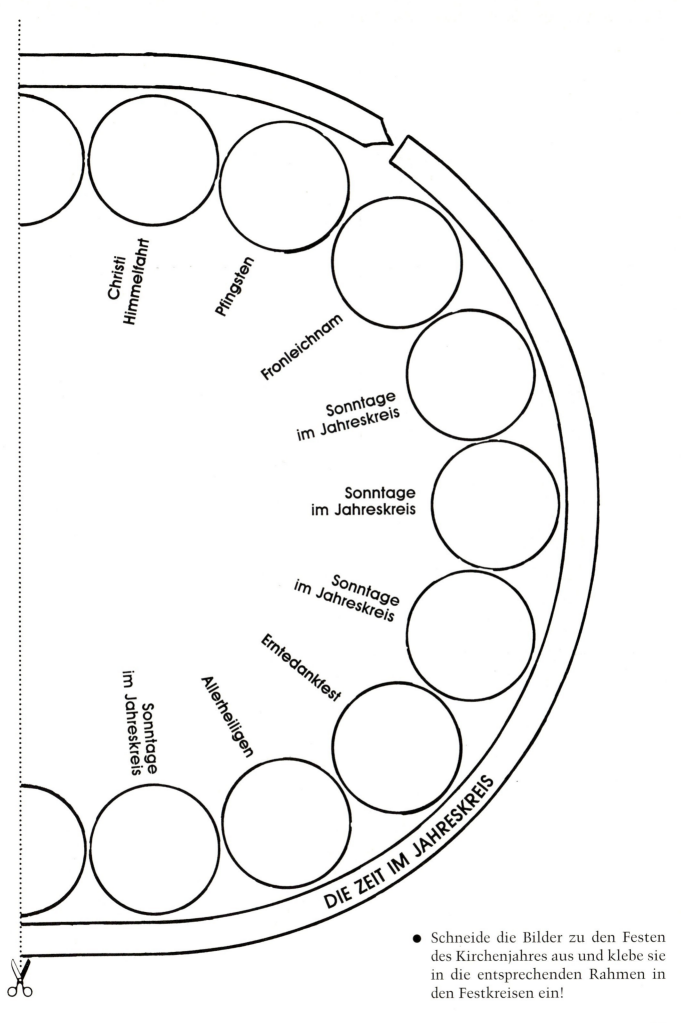

- Schneide die Bilder zu den Festen des Kirchenjahres aus und klebe sie in die entsprechenden Rahmen in den Festkreisen ein!

Bilder an den Festen des Kirchenjahres

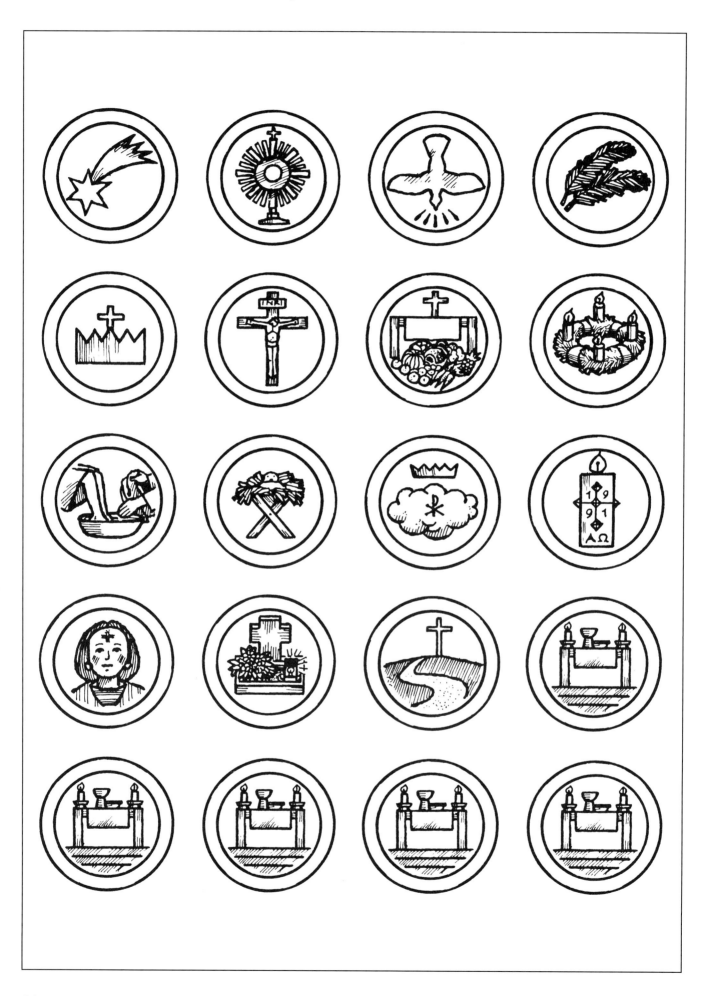

Christliche Feste – Symbole und Brauchtum

Advent

Das Wort *Advent* kommt aus der lateinischen Sprache und heißt *Ankunft*. Gemeint ist die Ankunft Jesu.

Die **Adventszeit** will uns an die Geburt Jesu in Betlehem erinnern. Sie ist eine Zeit der Vorbereitung und des Wartens.

Brauch:

- **Adventskranz**
- **Frauentragen**
- **Herbergssuche**
  Ein Marienbild wird von Haus zu Haus getragen. Die Familien versammeln sich um das Bild zum Gebet.
- **Rorate**
  Messe am frühen Morgen nur mit Kerzenlicht. Die Messe beginnt mit dem Ruf „Rorate caeli".
  Das heißt: „Tauet, ihr Himmel."
- **Wichtelspiel**
  Wir ziehen den Namen eines anderen z. B. aus der Familie oder aus der Klasse und machen ihm eine Freude. Der Wichtel bleibt unerkannt.

So wie es am Adventskranz von Woche zu Woche heller wird, so soll es auch **durch unsere Vorbereitungen in unseren Herzen heller werden**.

Die Adventszeit will uns aber auch an ein **Versprechen Jesu** erinnern: **dass er wiederkommen wird in Herrlichkeit**. Dann werden Traurige getröstet. Dann braucht keiner mehr Angst zu haben und alles ist heil. **Überall ist Friede und Glück.**

Weihnachten

An Weihnachten feiern wir die Geburt Jesu.

Weil Gott uns seinen Sohn geschenkt hat, beschenken wir einander.

Erscheinung

Sterndeuter erhalten von König Herodes den Auftrag, Jesus, den neugeborenen König der Juden, zu suchen.
Diese machen sich auf den Weg und **folgen dem Stern**, der ihnen vorausgeht. Sie kommen nach Betlehem und **finden Maria und Josef und das Kind in der Krippe**.
Sie bringen dem Kind Geschenke ihres Landes: Gold, Weihrauch und Myrrhe.

Brauch:
Die Sternsinger (Jungen und Mädchen der Pfarrgemeinde) ziehen mit einem Segenswunsch von Haus zu Haus.
„*Wir kommen aus dem Morgenland, wir kommen geführt von Gottes Hand. Wir wünschen euch ein fröhliches Jahr; Caspar, Melchior und Balthasar.*"
Wir bitten dich: Segne nun dieses Haus und alle, die da gehen ein und aus! Verleihe ihnen zu dieser Zeit Frohsinn, Frieden und Einigkeit.
Sie schreiben an die Türen: C + M + B
Es heißt: Christus (C) segne (B = <u>b</u>enedicat) dieses Haus (M = <u>m</u>ansionem).
Die Gaben, die die Sternsinger geschenkt bekommen, geben sie an die Mission.

Lichtmess

40 Tage nach Weihnachten feiern wir das Fest der „Darstellung des Herrn" oder „(Maria) Lichtmess".
Maria und Josef bringen Jesus, einem Brauch entsprechend, in den Tempel.
Simeon nimmt das Kind in seine Arme und preist Gott mit den Worten: **„Nun lässt du, Herr, deinen Knecht, wie du gesagt hast, in Frieden scheiden. Denn meine Augen haben das Heil gesehen, das du vor allen Völkern bereitet hast, ein LICHT, das die Heiden erleuchtet."**

Lk 2,29 ff.

Das Licht gilt als Zeichen für Jesus.

Brauch:
- Während des Gottesdienstes werden alle Kerzen, die das Jahr über beim Gottesdienst verwendet werden, geweiht.
- Nach der Kerzenweihe findet eine Lichterprozession statt.

Aschermittwoch

Mit dem Aschermittwoch beginnt die 40-tägige Vorbereitungszeit auf Ostern, die Fastenzeit.

Die Asche wird aus Palmzweigen des vergangenen Palmsonntages hergestellt.

Brauch:

Der Priester segnet die **Asche** und zeichnet mit der Asche ein Kreuz auf unsere Stirn. Dabei spricht er: „**Bedenke, Mensch, dass du Staub bist und wieder zum Staub zurückkehren wirst.**" Oder: „**Bekehrt euch und glaubt an das Evangelium.**"

Das **Kreuz** ist das **Zeichen für Jesus**, das Zeichen für seinen Tod und seine Auferstehung.

Durch das **Aschenkreuz** werden wir erinnert, dass alles in der Welt vergeht. Wir sollten in den folgenden 40 Tagen der österlichen Bußzeit das tun, was immer bleibt: **Lieben**.

Fastenzeit oder Österliche Bußzeit

Sie dauert 40 Tage.
40 ist eine Zeit der Buße und Umkehr.
- 40 Jahre lang zog das Volk Israel durch die Wüste.
- 40 Tage und Nächte fastete Jesus in der Wüste.
- 40 Tage bereiten wir uns auf das Osterfest vor.

In der Fastenzeit (Österliche Bußzeit) bereiten wir uns auf das Osterfest vor. Wir versuchen, Jesus/Gott und unsere Mitmenschen mehr zu lieben.
Das geschieht durch
- Fasten,
- Beten und
- Teilen („Almosen geben")

Aktion der kath. Christen: MISEREOR

Palmsonntag

„Mit dem Palmsonntag beginnt die heilige Woche. Wir denken an den Einzug Jesu in seine Stadt Jerusalem. Viele Menschen legten ihre Kleider als Teppiche auf den Weg. Andere brachen Zweige von den Büschen und jubelten Jesus zu:
„Hosanna, dem Sohne Davids: Gesegnet, der kommt im Namen des Herrn."

Brauch:
- Der Priester segnet Palmzweige und Palmbüschel
- Wir halten Palmzweige in den Händen und machen eine Prozession. Wie die Menschen in Jerusalem jubeln wir: „Hosanna, dem Sohne Davids: Gesegnet, der kommt im Namen des Herrn."
- **Wir ehren Jesus als unseren Herrn und König.**

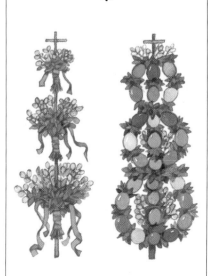

Gründonnerstag

Das Wort „Grün"-Donnerstag kommt von grün = „greinen", das heißt weinen.

Jesus nimmt Abschied von seinen Freunden, den Aposteln. Er wäscht ihnen die Füße und gibt den Auftrag: „Liebt einander, wie ich euch geliebt habe." Dann feiert er mit ihnen das Abendmahl, das Abschiedsmahl: Er nahm Brot in seine Hände und sagte: „Nehmt und esst alle davon. Das ist mein Leib, der für euch hingegeben wird." Dann nahm er den Kelch in seine Hände und sprach: „Nehmt und trinkt alle daraus. Das ist mein Blut, das für euch und für alle vergossen wird zur Vergebung der Sünden. Tut dies zu meinem Gedächtnis."
Am Gründonnerstag erinnern wir uns an die Einsetzung der Eucharistie durch Jesus beim letzten Abendmahl. Wir feiern die heilige Messe und erinnern uns ganz bewusst an den Auftrag. Jesu: „Tut dies zu meinem Gedächtnis."

Brauch:
- Der Priester wäscht 12 Männern der Pfarrgemeinde die Füße.

Karfreitag

Pilatus fragte die Volksmenge: „Wollt ihr, dass ich den König der Juden freilasse?" Alle antworteten: „Gib Barabbas frei!" „Was soll ich denn mit dem tun, den ihr König der Juden nennt?", fragte Pilatus weiter. Alle schrien: „Kreuzige ihn!"

Darauf ließ Pilatus Barabbas frei und gab den Befehl, Jesus zu geißeln und zu kreuzigen.
nach Joh 18,39 f.

Am Karfreitag nachmittags um 15.00 Uhr – zur Sterbestunde Jesu – treffen wir uns zur **Gedächtnisfeier vom Leiden und Tod des Herrn**. Wir hören die Leidensgeschichte und verehren das Kreuz.

Brauch:

Wir Christen bekunden unseren Dank an Jesus und unsere Liebe zu ihm durch Fasten und Beten des Kreuzweges.

Osternacht

So, wie Gott das Volk Israel am Schilfmeer gerettet hat, so hat Jesus durch seinen Tod uns gerettet vor Sünde und Tod.

In der Osternacht feiern wir die Auferstehung Jesu Christi und das LEBEN.

Das geschieht durch folgende Zeichen und Zeichenhandlungen:
- Segnung des Osterfeuers
- Lichtfeier mit der Osterkerze
- Biblische Lesungen, die von Rettung erzählen
- Tauffeier
- Eucharistiefeier
- Speisenweihe

Voller Begeisterung singen wir den österlichen Jubelruf – das Halleluja.

Ostern

An Ostern feiern wir die Auferstehung Jesu.

Am ersten Tag der Woche gingen die Frauen zum Grab, um Jesus zu salben. Da sahen sie, dass der Stein vom Grab weggewälzt war. Während sie ratlos dastanden, traten zwei Männer in leuchtenden Gewändern zu ihnen. Die Frauen erschraken und blickten zu Boden. Die Männer sagten zu ihnen: „Was sucht ihr den Lebenden bei den Toten? Er ist nicht hier, sondern er ist *auferstanden*!"
Nach Lk 24, 1–6

40 Tage hindurch begegnet der Auferstandene immer wieder den Jüngern. Z. B. auf dem Weg nach Emmaus. Wie er den Jüngern von Emmaus begegnet ist, so möchte er auch uns begegnen, z. B. bei der heiligen Messe.

So, wie Gott Jesus auferweckt hat, so wird er auch uns auferwecken zum ewigen *Leben*. **Ostern** ist das **Fest** des **Lebens** und der **unzerstörbaren Hoffnung**.

Christi Himmelfahrt

40 Tage nach Ostern feiern wir das Fest Christi Himmelfahrt.

„Und während Jesus die Jünger segnete, verließ er sie und wurde zum Himmel emporgehoben."
Lk 24, 51

Himmelfahrt Jesu bedeutet: Gott, der Vater, nimmt Jesus bei der Hand. Gott, der Vater, holt Jesus in seine Nähe und in seine Herrlichkeit für immer. Der Himmel ist nicht so sehr ein Ort als ein Zustand: **bei Gott sein**.

Wir dürfen vertrauen: Was an Jesus geschah, wird auch an uns geschehen.

Der Himmel ist Ziel unseres Lebens.

Pfingsten

50 Tage nach Ostern feiern wir das **Pfingstfest**.

Pfingsten kommt vom Wort „pentecoste", das heißt der 50. Tag.

Der Evangelist Lukas erzählt in der Apostelgeschichte:
Unter Sturmesbrausen und mit Zungen wie von Feuer kam der Heilige Geist auf die in Jerusalem versammelten Apostel. Angetrieben, bewegt von der Kraft des Heiligen Geistes, verkündeten sie wie groß und gut Gott ist. Menschen aus allen Ländern, die in Jerusalem versammelt waren, verstanden, was die Apostel über Jesus verkündeten und ließen sich taufen. 3000 Menschen kamen an diesem Tag zur Gemeinde hinzu.

Der Pfingsttag ist der Geburtstag der Kirche. So, wie der **Heilige Geist** die Apostel bewegte, so möchte er auch uns **„bewegen", begeisterte Christen zu sein**.

Dreifaltigkeitssonntag

Der erste Sonntag nach Pfingsten ist der Dreifaltigkeitssonntag.

Wir Christen sind getauft auf den Namen des Vaters, des Sohnes und des Heiligen Geistes, auf die heiligste Dreifaltigkeit.

Wir verehren Gott in drei Personen:
- Wir ehren *Gott, den Vater*, den Schöpfer des Himmels und der Erde.
- Wir ehren den *Sohn*, der für uns Mensch wurde und sein Leben am Kreuz aus Liebe für uns verschenkte.
- Wir ehren den *Heiligen Geist* als die Liebe zwischen Vater und Sohn. Der Heilige Geist ist der Beistand, die Kraft, die tröstet und zum Guten antreibt.

Alle drei Personen sind eins.

Unser Gott ist unvorstellbar groß und doch zum Anfassen, voller Leben und Gemeinschaft. **Das ist ein großes Geheimnis.**

Jedes Mal, wenn wir beten: „Im Namen des Vaters und des Sohnes und des Heiligen Geistes", bekennen wir uns zum dreifaltigen Gott.

Fronleichnam

Am zweiten Donnerstag nach Pfingsten feiern wir das Fronleichnamsfest.

Fron war in der alten deutschen Sprache ein Wort für „Herr". Leichnam wurde im Unterschied zu heute der lebendige Leib genannt.

Fronleichnam heißt also: **Leib des Herrn.**

Brauch:

In einem kostbaren Gefäß, der Monstranz, trägt der Priester die heilige Hostie durch die Straßen des Dorfes und der Stadt. Wir begleiten in einer feierlichen Prozession die Monstranz. Wir bitten Jesus, dass er unsere Straßen und Häuser segne. An vier Altären, die an Häusern aufgestellt werden, singt der Priester oder Diakon das Evangelium nach Matthäus, Markus, Lukas und Johannes. Mit der Monstranz erteilt er den Segen.
Manche Leute zeigen ihre Liebe zu Jesus dadurch, dass sie vor dem jeweiligen Altar einen Blumenteppich gestalten.

Herz-Jesu-Fest

Der ganze Monat Juni ist dem heiligsten Herzen Jesu geweiht.

Am dritten Freitag nach Pfingsten feiern wir das **Herz-Jesu-Fest**.

Durch die Feier des Festes „Heiligstes Herz Jesu" werden wir Christen erinnert: **Hab ein Herz für deine Mitmenschen – so wie Jesus Christus ein Herz für uns Menschen hat.**

Erntedank

Das Erntedankfest feiern wir immer am ersten Sonntag im Oktober. **Wir danken Gott für die Früchte der Erde und für alles, was er uns geschenkt hat, damit wir leben konnten,** z. B. den Arbeitsplatz!

Wir denken bei diesem Fest auch an alle Menschen, die nicht genug zu essen haben, und werden neu bereit zu **teilen**. Im Tagesgebet des Erntedankfestes wird dies deutlich: „Guter Gott, wir freuen uns heute über die Ernte dieses Jahres. Segne diese Feldfrüchte, die wir dankbar aus deiner Hand empfangen haben. Lass auch die Armen und Hungernden den Reichtum deiner Güte erfahren."

- Beim Gottesdienst werden die Erntegaben, mit denen der Altarraum geschmückt ist, gesegnet.
- Bei der Gabenbereitung werden mit den Gaben von Brot und Wein Früchte der Erde in einer feierlichen Prozession zum Altar getragen.
- In manchen Pfarreien werden diese Erntegaben an arme Menschen verschenkt.

Kirchweihfest

Am dritten Sonntag im Oktober feiern wir das Kirchweihfest.
In einem Gebet zu diesem Fest heißt es: ... Höre auf die Bitten deiner Gemeinde, die sich hier versammelt hat, und segne diese Kirche. Lass die Gläubigen hier deine Nähe spüren und deine Liebe erfahren. Mach sie eines Herzens und hilf ihnen, hier an diesem Ort dich dankbar zu preisen und sich voller Vertrauen an dich zu wenden. Stehe ihnen bei in jeder Not und lass sie sicher ans Ziel ihres Lebens gelangen."

- Am Kirchweihfest erinnern wir uns dankbar an alle Menschen, die die Kirche an unserem Ort gebaut haben.
- Wir erinnern uns an den Tag, an dem der Bischof unsere Kirche weihte.
- Wir freuen uns, dass Gott in unserer Mitte wohnt.
- Wir erinnern uns, dass wir selber Haus sein sollen, in dem Gott wohnt.

Brauch:

- In der Kirche werden die „Apostelleuchter" geschmückt und die „Apostelkerzen" entzündet:
- Das Kirchweihfest ist zum „Schmecken"! Die Leute backen *Kirchweihküchlein* und gehen zum *Kirchweihtanz*.

Allerheiligen

Am Fest Allerheiligen schauen wir auf das Ziel unseres Lebens:

den Himmel.

Die **Heiligen haben dieses Ziel erreicht**. Sie dürfen für immer in der Nähe Gottes im Himmel leben. **Die Heiligen, besonders unsere Namenspatrone, bitten bei Gott, dass auch wir dieses Ziel erreichen.**

Brauch:

Am Nachmittag des Allerheiligenfestes ziehen wir in einer Prozession zum Friedhof und ehren unsere lieben Verstorbenen.

Sie haben das Ziel ihres Lebens erreicht.

Allerseelen

Am 2. November ist der Allerseelentag.

An diesem Tag gedenken wir unserer lieben Verstorbenen.

In den Schlussgebeten der Messfeier heißt es: „Barmherziger Gott! Erbarme dich unserer Verstorbenen. Du hast sie in der Taufe als deine Kinder angenommen. Führe sie vom Tod zum Leben, aus dem Dunkel zum Licht, aus der Bedrängnis in deinen Frieden und lass sie auferstehen zur ewigen Freude."

Wir Christen bekunden: Es gibt ein Leben nach dem Tode!

Brauch:

- Wir schmücken die Gräber mit Zeichen des Lebens:
    - Blumen
    - Weihwasser
    - Licht
- Wir gehen zum Friedhof

Allerseelen:
Wir Christen vertrauen auf den Gott des Lebens.

Christkönig

Am letzten Sonntag im Kirchenjahr feiern wir das Christkönigsfest.

Am Christkönigsfest feiern wir Jesus als den einzigen wahren Herrn und König dieser Welt.

Aber er war in seinem irdischen Leben ein „dienender" König.
Er hat seine Königsmacht so gezeigt:
Er
- segnete Kinder
- begegnete dem Zachäus und schenkte ihm einen neuen Anfang
- heilte den blinden Bartimäus
- heilte einen Gelähmten
- ...

Am Ende der Zeiten wird seine Königsherrschaft allen Menschen sichtbar.

Sonntag

Der Sonntag ist der erste Tag der Woche. Ihn feiern wir Christen als Tag der **Auferstehung des Herrn**.

Wir Christen sollten am Sonntag
- uns „versammeln",
- uns zur Messfeier treffen, um sich mit dem Wort und Brot des Lebens zu stärken,
- schauen, wo wir Menschen, z. B. Kranken, eine Freude machen können,
- uns Erholung und Freude gönnen...

Vorschlag zu „Aktionen" – Hinweise für Lehrer

Ziel: Feste im Kirchenjahr ganzheitlich erfahren

Advent:
* Jeden Montag im Advent am Morgen sich um den Adventskranz versammeln
* Meditation
* Wichtelspiel
* Besuch eines Rorate-Gottesdienstes

Weihnachten:
* Krippe (Klasse/Schüler) und Krippenfiguren gestalten
* Vorweihnachtlichen Gottesdienst feiern
* Weihnachtsfeiern in der Schule durchführen
    - Als Bausteine für die Gestaltung der Weihnachtsfeier sind z. B. möglich:
        * Aufführung eines Weihnachtsspiels (Herbergssuche, Hirtenspiel, Krippenspiel, Dreikönigsspiel)
    - Vorlesen der Weihnachtsgeschichte in verteilten Rollen, illustriert durch selbst gemalte Dias
    - Geschichten, Gedichte, Lieder passend zur Weihnachtszeit

* Reflexion über Weihnachten (s. „Was gehört für dich zum W-Fest?")

Diese Elemente sollen die Kinder folgenden 4 Bereichen zuordnen:
1. Kern des Festes (Geburt Jesu)
2. Kirchliche Feier: (Mitternachtsmette, Glockengeläut, Krippenfeier …)
3. Bräuche: (Christbaum, Krippe, Weihnachtsschmuck, Adventskranz …)
4. Genuss: (Festessen, Einkäufe, Skiurlaub, Ferien, Geschenke …)

Bei der Zuordnung können einzelne Elemente u. U. unterschiedlich gedeutet werden, z. B. Geschenke als Brauchtum oder als Genuss, Krippenspiel als kirchliche Feier oder Brauchtum …

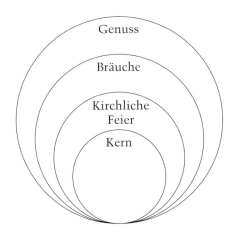

Erscheinung des Herrn:	* Sternsinger unterwegs
Lichtmess:	* Lichterprozession gestalten
Fastenzeit:	* Einen Kreuzweg malen
Ostern:	* Palmbüschel binden
	* Ostereier suchen
	* Osterkerze schmücken
Fronleichnam:	* Umzug mitmachen
	* Blumenteppich legen
Erntedankfest:	* Erntedankaltar aufbauen
	* Erntedankaltar in Kirchen besuchen
Kirchweihfest:	* Kirchweihküchlein backen
Allerheiligen/Allerseelen:	* Unterrichtsgang zum Friedhof
	* Grabschmuck betrachten

Lösung von S. 75:
1. Augustus
2. David
3. der Gesalbte
4. Zimmermann
5. Matthäus
6. am Jordan
7. Elisabet
8. Ägypten
9. aus dem Morgenland
10. Nazaret
11. Gold/Weihrauch/Myrrhe
12. Herodes
13. Judäa
14. Johannes
15. drei Tage

Heute ist euch in der Stadt Davids der Retter geboren.

Was gehört für dich zum Weihnachtsfest?

- *Ordne die aufgezählten Beispiele nach der Bedeutung, die sie für dich haben! Das, was dir am Wichtigsten ist, bekommt die Nummer 1, das für dich Unwichtigste die letzte Nummer.*

○ Christbaum
○ Essen am Heiligen Abend
○ Mitternachtsmette
○ eigene Geschenke
○ Spende für einen guten Zweck
○ Geschenke für die Familie
○ Krippenspiel in der Kirche
○ Schnee
○ vorweihnachtlicher Einkaufsbummel
○ Christbaum
○ Weihnachtsfeiern in der Schule
○ Zusammensein mit der Familie
○ gemeinsames Musizieren in der Familie
○ Singen von Weihnachtsliedern
○ Öffnen des Adventskalenders
○ Glockengeläut am Heiligen Abend
○ Erinnern an die Geburt Jesu
○ Aufbinden des Christbaums
○ Basteln von Weihnachtsschmuck
○ Schiurlaub
○ Besuch von Verwandten
○ _____
○ _____

- *Welche Bilder verbindest du am ehesten mit Weihnachten? Warum?*

Quiz rund um Weihnachten

Freu dich, Erd' und Sternenzelt. Adventskalender 1992/93, hrsg. v. Bistum Essen

1. Wie heißt der römische Kaiser zur Zeit der Geburt Christi?
- Tiberius
- Nero
- Augustus

2. Welcher König ist in Betlehem geboren?
- Saul
- David
- Herodes

3. Was bedeutet der Name Messias?
- der Gesalbte
- der da kommen soll
- Gott mit uns

4. Welchen Beruf hatte Josef?
- Maurer
- Zimmermann
- Priester

5. Welches Evangelium berichtet von den Weisen aus dem Morgenland?
- Matthäus
- Lukas
- Markus

6. Wo predigte Johannes der Täufer?
- in Nazaret
- in Betlehem
- am Jordan

7. Wie hieß die Verwandte, die Maria besuchen geht?
- Anna
- Elisabet
- Rut

8. In welches Land flüchteten Maria und Josef mit Jesus
nach
- Samaria
- Judäa
- Ägypten

9. Woher kamen die Sterndeuter, die das Jesuskind suchten?
- aus Ägypten
- aus dem Morgenland
- aus Rom

10. In welcher Stadt waren Maria, Josef und Jesus zu Hause?
in
- Betlehem
- Nazaret
- Jerusalem

11. Welche Geschenke bekam Jesus von den Sterndeutern?
- Schaf/Wolle/Milch
- Gold/Weihrauch/Myrrhe
- Orangen/Bananen/Äpfel

12. Welcher König wollte das Jesuskind töten?
- David
- Herodes
- Salomon

13. Wo liegt Betlehem?
in
- Judäa
- Samaria
- Galiläa

14. Wer trug Kleider aus Kamelhaaren?
- Jesus
- Johannes
- Zacharias

15. Als Jesus 12 Jahre alt war, blieb er in Jerusalem zurück. Wie lange brauchten seine Eltern, um ihn wiederzufinden?
- sieben Tage
- drei Tage
- zwei Tage

Trage die Lösungsworte ein. Manchmal besteht die Lösung aus mehreren Wörtern! Füge die angegebenen Buchstaben in der richtigen Reihenfolge zusammen, und du erhältst eine frohe Botschaft aus dem Lukasevangelium (2. Kapitel)

4. Dem Weg Jesu auf der Spur: sein Leben und Wirken

Lernziele:

Jesu Heimat und Lebensweg kennen lernen

Aufmerksam werden, wie Menschen in der Begegnung mit Jesus Annahme, Erlösung und Heil erfuhren

Erkennen, dass Menschen ihm nachfolgten oder ihn ablehnten

Die Bedeutung von Jesu Tod und Auferstehung als Dreh- und Angelpunkt biblischen Redens von Jesus Christus einsichtig machen

Einen eigenen Zugang zu Jesus Christus finden

Aus: Silvia Gastaldi, Claire Musatti: Entdecke die Welt der Bibel. Neukirchen–Vluyn 2000

4. Dem Weg Jesu auf der Spur: sein Leben und Wirken

4.1 Jesus von Nazaret, ein Mensch aus Galiläa

Wer war Jesus? Wir testen unser Vorwissen
Wer sagt denn, dass Jesus wirklich gelebt hat?
Zeit und Umwelt Jesu
Eine Reise in die Zeit Jesu
Palästina unter der Fremdherrschaft der Römer
Jesu Weg durch seine Heimat
Jesus von Nazaret, ein Mann aus Galiläa

4.2 Jesu Leben und Wirken löst unterschiedliche Reaktionen aus: der Zöllner Matthäus

Das Messiasbekenntnis des Petrus
Jesus wird in seiner Heimat abgelehnt
Jesu Tod und Auferstehung
Das letzte Mahl mit Jesus
Gefangen genommen in der Nacht
Ist nun alles vorbei?
Ostermorgen
Auf dem Weg nach Emmaus
Ostern: das bedeutendste Fest im Kirchenjahr
Ostersymbole und ihre Bedeutung

Ostern feiern (Ausschneideblatt)
Ostern: das wichtigste Fest im Kirchenjahr

Lösungswörter von Seite 78: a) Betlehem; b) Maria; c) Zimmermann; d) Fischer; e) Petrus; f) Kinder; g) Kanaan; h) Esel; i) Judas; k) Pilatus; l) Jerusalem; m) Auferstehung; n) Tempel; o) Sabbat; p) Pharisäer; q) Messias; r) Lazarus; s) Füße; t) Thomas; u) Golgota!

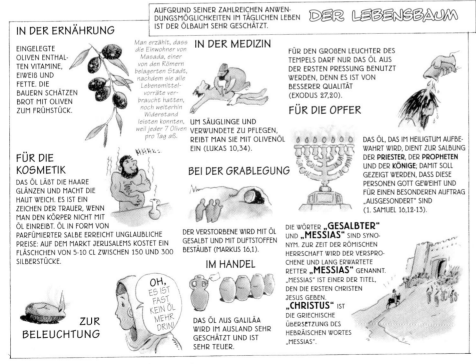

Aus: Entdecke die Welt der Bibel, a. a. O.

Wer war Jesus? Wir testen unser Vorwissen

• *Stelle aus den folgenden Silben die gesuchten Lösungswörter zusammen, die du aus der Grundschulzeit sicher noch kennst!*

a – an – as – auf – bat – bet – das – der – e – er – er – fi – fü – go – gol – hem – hung – je – ju – ka – kin – la – la – le – lem – ma – mas – mann – mer – mes – na – pe – pel – pha – pi – ri – ri – ru – rus – sa – sä – sab – scher – sel – si – ste – ße – ta – tem – tho – trus – tus – za – zim –

a) In dieser Stadt soll Jesus geboren worden sein: _____

b) So hieß seine Mutter: _____

c) Diesen Beruf hatte sein Vater: _____

d) Diesen Beruf hatten seiner ersten Jünger: _____

e) So hieß einer seiner Jünger: _____

f) Jesus wollte sie gern bei sich haben und segnete sie: _____

g) Hier fand eine Hochzeit statt: _____

h) Auf diesem Tier ist Jesus geritten. _____

i) So hieß der Mann, der Jesus verraten hat: _____

k) So hieß der Mann, der ihn verurteilt hat: _____

l) In dieser Stadt wurde Jesus hingerichtet: _____

m) Das größte und wunderbarste Ereignis: _____

n) Hier warf Jesus Geldwechsler hinaus: _____

o) An diesem Tag wurde nicht gearbeitet: _____

p) Eine bedeutende Gruppe zur Zeit Jesu: _____

q) Eine Bezeichnung für Jesus: _____

r) Ihn hat Jesus von den Toten auferweckt: _____

s) Jesus wusch seinen Jüngern die … _____

t) Er glaubte nicht an die Auferstehung Jesu: _____

u) Der Name der Hinrichtungsstätte Jesu: _____

Wer sagt denn, dass Jesus wirklich gelebt hat?

Paulus war zuerst ein Gegner der Christen. Später bekehrte er sich jedoch zum Glauben an Jesus Christus. Zwischen 53 und 55 n. Chr. schrieb er:

„Jesus ist gestorben und wurde begraben. Am dritten Tag hat ihn Gott auferweckt. Zuerst erschien er dem Petrus, dann den anderen Aposteln … Als letztem von allen erschien er auch mir, der Missgeburt. Denn ich bin der Geringste der Apostel. Ich bin nicht wert, Apostel genannt zu werden, weil ich die Kirche Gottes verfolgt habe."

Um das Jahr 90 schrieb ein Christ unter dem Namen **Lukas** ein Buch über das Leben und Wirken Jesu. In der Einleitung heißt es:

„Schon viele haben über diese Ereignisse geschrieben. Dabei hielten sie sich genau an die Berichte der Zeugen, die alles mit eigenen Augen gesehen haben. Nun habe auch ich mich entschlossen, allem von Grund auf sorgfältig nachzugehen, um es für dich, lieber Theophilus, der Reihe nach aufzuschreiben. So kannst du dich überzeugen, dass die Lehre, die du erhalten hast, zuverlässig ist."

Flavius Josephus lebte 37–105 n. Chr. Er war kein Christ, sondern Jude, und erforschte die Geschichte seiner Heimat Israel. In einem Buch schrieb er:

„Als Pontius Pilatus Statthalter in Judäa war, lebte Jesus, ein weiser Mensch. Er vollbrachte unglaubliche Taten und trat als Lehrer auf. Obwohl er von Pilatus zum Kreuzestod verurteilt wurde, blieben ihm seine Anhänger treu."

Tacitus war kein Christ. Er gilt als einer der berühmtesten Geschichtsschreiber der Römer. Etwa 117 n. Chr. schrieb er:

„Der Name ‚Christen' leitet sich von Christus ab. Dieser war unter Kaiser Tiberius durch Pontius Pilatus hingerichtet worden …"

Die ersten Schriften über Jesus entstanden, als noch Zeugen lebten, die sich an ihn erinnern konnten. Solche Schriften wurden immer wieder neu abgeschrieben.
Das älteste dieser **Schriftstücke**, das heute noch erhalten ist, ist ein Stück Papier, das um 120–130 n. Chr. beschrieben wurde. Es wurde in Ägypten gefunden und wird heute in England aufbewahrt. Es enthält Teile des Johannes-Evangeliums.

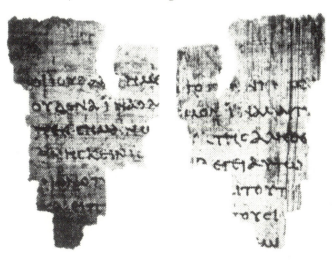

Zeit und Umwelt Jesu

Wo hat Jesus gelebt?

Aufgewachsen ist Jesus in der kleinen Stadt Nazaret. Sie lag in Galiläa, in der nördlichen Provinz Palästinas. Zur Zeit Jesu war Palästina kein selbstständiger Staat, sondern ein Teil des Römischen Reiches.

Der oberste Herrscher über Palästina war Kaiser Augustus in Rom. Ein Statthalter in Jerusalem sorgte mit seinen Soldaten dafür, dass die Juden keinen Aufstand gegen die römischen Besatzer unternahmen. Es gab nämlich viele Juden, die mit Gewalt die Römer aus dem Land jagen wollten. Besonders der Glaube der Juden an den einen Gott Jahwe stand in großem Gegensatz zum Glauben der Römer, denn diese verehrten viele Götter. Es gab aber auch Juden, die sich mit der römischen Besatzung verbündet hatten, während sich andere aus der Politik heraushielten und vor allem streng auf die Befolgung der jüdischen Gesetze achteten.

Palästina, das heutige Israel, ist ein kleines Land. Mit dem Auto kann man in einer Stunde von Jerusalem nach Nazaret fahren; noch schneller kommt man von Jerusalem ans Mittelmeer.

Sicher war eine Reise zur Zeit Jesu mit einem Esel oder auf einem Kamel sehr anstrengend, denn das ganze Jahr über ist es in Israel sehr heiß. Es regnet nur in den Regenzeiten im Frühjahr, Herbst und Winter und nur ganz selten fällt dort einmal Schnee. Israel ist ein schönes Land. An der Küste entlang zieht sich eine schmale Ebene, die sehr fruchtbar ist. Getreidefelder, Feigenbäume und Dattelpalmen sind hier zu finden. Wenn man – früher wie heute – ins Land hineingeht, beginnt bald eine Hügellandschaft. An den Hängen wird Wein angebaut. Schattige Haine mit Ölbäumen breiten sich aus. Dann geht es immer steiler bergauf. Durch das ganze Land, von Jerusalem bis Nazaret zieht sich das Gebirge hin.

Jenseits der Berge steigt man in einen tiefen Graben hinunter, durch den der Jordan fließt. Auch hier gibt es fruchtbares Land. Der Jordan fließt in südlicher Richtung durch den See Gennesaret, verlässt ihn und mündet in das Tote Meer.

Das Land umfasste zur Zeit, als Jesus lebte, drei Gebiete: Galiläa, das Heimatland Jesu, Samaria und Judäa, wo die Hauptstadt Jerusalem liegt. In diesen drei Gebieten lebten damals nicht mehr Menschen als heute in Deutschland in einer Großstadt wie z. B. München.

Trotzdem hatten nicht alle genug zu essen. Nur an der Küste und entlang des Jordans gab es reiche Ernten und im See Gennesaret konnten die Fischer viele Fische fangen. Das übrige Land weist meist einen steinigen Boden auf, auf dem nicht viel wachsen kann.

Wie sah es bei Jesus zu Hause aus?

Das Haus, in dem Jesus gewohnt hat, war für damalige Verhältnisse vermutlich gut und fachmännisch gebaut. Sein Vater Joseph war ein wohlhabender, angesehener Baumeister und kannte sich mit dem Hausbau aus. Die Häuser wurden damals aus Lehmziegeln gebaut. Für ein Haus benötigte man ca. 4000 Ziegel. Sie wurden beim Bau übereinandergeschichtet und mit Lehm verbunden. In den Wänden wurden Fensteröffnungen eingelassen. Die Dächer wurden mit Balken, Ästen, Strauchwerk und Lehm errichtet. Sie wurden so stabil, dass man auf ihnen mit seinen Freunden spielen konnte.

Die Häuser waren klein, weil sich das Leben zum großen Teil im Freien abspielte. Im Haus gab es Platz zum Essen, zum Schlafen, für einen Herd, für die Mühle zum Mahlen des Getreides, für die Vorräte und Gerätschaften und für Haustiere wie Schafe, Ziegen und Hühner.

Wie wurde Jesus erzogen?

Josef war von Beruf Zimmermann. Tischler und Zimmerleute galten als besonders gebildet. Vermutlich besuchte die Familie mit Jesus regelmäßig das örtliche Amphitheater.
Jesus erlernte auch das Handwerk eines Zimmermanns, da es damals üblich war, dass Söhne den Beruf des Vaters übernahmen. Maria, seine Mutter, war für den gesamten Haushalt zuständig. Sie kochte, versorgte die Tiere und bewirtete die Gäste.
Jesus hatte nicht nur lesen und schreiben gelernt, er beherrschte vermutlich auch drei Sprachen: Aramäisch (die Umgangssprache im damaligen Palästina), Hebräisch (die Sprache der Bibel) und Griechisch (die Sprache der Gebildeten im Römischen Reich). Vier Jahre musste jeder jüdische Junge in die Schule gehen. Die Schule, die Jesus besuchte, war die Synagoge. Dort versammelten sich die Juden zum Gebet, aber auch zum Lernen bei einem strengen Rabbi (hebräisch für Lehrer). Lehrbücher waren die Schriften der Bibel. So hatten die Schüler beim Lesen und Schreiben lernen immer auch Religionsunterricht. Die wichtigsten Teile der Bibel lernten sie auswendig.
Das eigentliche Heiligtum der Juden war der Tempel in Jerusalem. Wenn möglich, pilgerten die frommen Juden wenigstens einmal im Jahr nach Jerusalem, um am Tempelgottesdienst teilzunehmen.

Eine Reise in die Zeit Jesu

Gestern Nacht hatte ich einen Traum. Ich träumte, dass ich vor vielen hundert Jahren lebte. Damals wohnte Jesus in Nazaret und war selbst noch ein Kind.

Eine Familie von damals lebt und schläft im selben Zimmer. Deshalb besteht auch das Bett nur aus einer dünnen Matratze, die auf dem Boden liegt und tagsüber zusammengerollt werden kann. Die ganze Familie schläft auf dieser einen Matratze und jeder deckt sich mit seinem Mantel zu – was auf jeden Fall wärmer ist, als alleine zu schlafen!

Der Junge trägt eine Tunika aus Baumwolle und Ledersandalen. Eine Tunika ist ein einfaches Kleidungsstück, das aus einer Stoffbahn besteht, die an den Schultern umgeschlagen wird und an den Seiten zusammengenäht ist. Jüngere Kinder haben meist gar nichts an. Erwachsene Männer halten ihre Tunika mit einem Gürtel um die Hüften zusammen. Darüber tragen sie noch einen Mantel. Der Junge trägt außerdem ein zu einem Dreieck gefaltetes Kopftuch, das er mit Hilfe einer Kordel auf seinem Kopf hält. Dieses Tuch schützt ihn vor der starken Sonne, er kann es sich jedoch auch bei einem Sturm um das Gesicht wickeln und ist so vor Hagel und Sand geschützt.

Meine Kleider liegen neben meinem Bett. Heute ist es sehr heiß. Aber für dieses Wetter habe ich genau die richtige Kleidung.

Das Dach des Hauses ist flach und muss von einer Brüstung begrenzt sein, damit niemand hinunterfallen kann. Über eine Steintreppe an der Hauswand gelangt man hinauf. Dort werden Vorräte gelagert, Getreide ausgelegt oder Kleidungsstücke in der Sonne getrocknet. Im Sommer kann man das Dach auch dadurch vergrößern, dass man Zweige über die Brüstung legt – dies ist besonders nützlich, wenn Gäste über Nacht bleiben!

Aha! Das war es also, was ich gehört habe! Papa ist heute schon früh aufgestanden, um auf dem Dach zu arbeiten.

Die Tiere sind im Haus bei der Familie untergebracht. Es handelt sich hier jedoch nicht um Haustiere, sondern um Nutztiere wie zum Beispiel Schafe oder Ziegen, die man der Schlachtung wegen hält. Die Tiere fressen aus einer Holzkrippe, die auch als Kinderbettchen für Neugeborene dient! Der räumlich etwas höher gelegene Wohn- und Schlafbereich sorgt dafür, dass die Menschen zumindest ungestört essen und schlafen können, ohne dass die Tiere ständig zwischen ihnen hin- und herlaufen. Insekten und der Rauch des Feuers werden dadurch jedoch nicht abgehalten!

Heute muss ich die Tiere versorgen. Das ist meine Aufgabe. Na so was, sie sind ja ganz aufgeregt.

Ich habe einen guten Lehrer. Bei ihm muss man sich aber sehr anstrengen.
Heute ist es jedoch viel zu heiß zum Lernen.

Nur Jungen gehen zur Schule. Der Unterricht findet in einem Raum der Synagoge statt. Die Kinder müssen in ganz geraden Reihen vor ihrem Lehrer sitzen. Deswegen haben sie dem Klassenzimmer auch den Spitznamen „Weinberg" gegeben. Sie haben einen sehr strengen Lehrer, „Rabbi" genannt, und wenn sie einmal unaufmerksam sind oder nicht still sitzen, sorgt er mit seinem langen Stock schnell wieder für Zucht und Ordnung! Der Lehrer darf jedoch nicht zu hart sein, denn das könnte ihn seine Arbeitsstelle kosten. Ein Großteil des Unterrichts besteht darin, Sätze aus dem Jüdischen Gesetz (heute Teil unseres Alten Testamentes) auswendig zu lernen. Die Schüler sagen die Sätze laut vor sich hin, wobei sie mit ihrem Oberkörper im Rhythmus dazu hin- und herwippen. Das soll ihnen helfen, sich die Sätze besser einzuprägen.

Nach der Schule spiele ich gerne mit meinen Freunden im Freien. Wir kennen eine Menge Spiele!

Einige Spiele werden schon seit Tausenden von Jahren gespielt, z. B. Fangen, Steinewerfen, Verstecken, Tauziehen oder Theaterspielen. Fußball gab es damals jedoch noch nicht!

Meine Mutter kauft gerne bei den Händlern ein. Jetzt hat sie bestimmt wieder ein Schnäppchen gemacht!

Fahrende Händler reisen mit ihren Waren in die kleineren Städte. Die Schuhe haben keine Preisschilder, denn es ist Brauch, dass Händler und Kunde einige Minuten um den Preis feilschen. Für Kaufleute gelten sehr strenge Regeln, damit sie ihre Kunden nicht betrügen können. Wenn man z. B. ein Kilogramm Mehl kauft, erhält man stets etwas mehr als ein Kilo.

Hier findet eine Feier statt, auf der Musik gemacht und getanzt wird. Viele Menschen lernen ein Instrument. Es gibt Saiteninstrumente, Blasinstrumente und Schlaginstrumente. Man tanzt sehr gerne – beliebt sind vor allem Kreistänze, bei denen jeder den gleichen Schritt ausführt.

Musik ist sehr wichtig für unsere Familie. Großvater muss immer lachen, wenn er meinen kleinen Bruder tanzen sieht.

Die Mahlzeiten werden im Liegen eingenommen. Der Tisch besteht aus einer Matte auf dem Boden (reiche Menschen haben anstelle der Matte niedrige Tische). Teller gibt es normalerweise keine. Von den Fladenbroten bricht man ein Stück ab und taucht es dann in eine große Schüssel mit Soße, die in der Mitte des Tisches steht.

Die Familie ist zum Abendessen versammelt.

Am Gottesdienst dürfen Männer erst ab dem 13. Lebensjahr teilnehmen. Sie sitzen im Hauptraum der Synagoge und nehmen durch Gesang und Gebet aktiv am Gottesdienst teil. Ab und zu werden sie auch gebeten, etwas aus dem Alten Testament vorzulesen, wozu sie ehrfurchtsvoll aufstehen. Wenn sie jedoch eigene Worte benutzen, setzen sie sich wieder hin. Frauen und Kinder dürfen am Gottesdienst nicht aktiv teilnehmen – sie können nur von einer Galerie oder von einem separaten Bereich an der Seite aus zusehen.

Morgen ist ein ganz besonderer Tag. Es ist der Tag, an dem wir uns alle versammeln, um zu Gott zu beten. Wenn ich groß bin, möchte ich gerne neben Papa stehen und genauso laut singen wie er.

Aus: Peter Graystone, Jacqui Thomas: Wie war es wohl, als Jesus lebte? Francke o.J.

- Vergleiche die Situationen aus dem Leben eines Kindes zur Zeit Jesu mit deinem Leben! Du kannst entsprechende Situationen aus deinem Leben malen und einen Text dazu verfassen.

Ein Spiel für Kinder:

Murmeln

Murmeln wurden aus Lehm geformt und getrocknet. Zwei Spieler setzen sich etwas voneinander entfernt gegenüber. In der Mitte zwischen ihnen liegt eine Murmel. Jeder Spieler hat fünf Murmeln. Abwechselnd versuchen die Spieler mit einer ihrer Murmeln, die Murmel in der Mitte zu treffen. Gelingt dies einem Spieler, darf er die Murmel nehmen und der andere Spieler muss eine seiner Murmeln in die Mitte legen und weiter geht es.
Sieger ist der, der zuletzt die meisten Murmeln besitzt.

Matzen, die ungesäuerten Brote

Du brauchst:

450 g Weizenvollkornmehl oder 225 g Weizenvollkornmehl und 225 g Gerstenvollkornmehl, 220 ml Wasser

So wird's gemacht:

Mehl und Wasser sorgfältig mit dem Holzlöffel verrühren. Den Teig mit Mehl bestäuben. Hände bemehlen und den Teig drei Minuten leicht kneten. In 6 bis 8 Stücke teilen und mit den bemehlten Händen zu Kugeln formen. Ein Backblech einölen und Kugeln darauf legen. Jede Kugel mit der Hand flach drücken, so dass Fladen mit einem Durchmesser von etwa 10 cm entstehen, oder mit dem Nudelholz ausrollen. Mit einer Gabel einstechen, damit sich keine Blasen bilden. 10 Minuten in einem vorgeheizten Backofen bei 250° C backen. Matzen aus dem Backofen nehmen und bald servieren, wenn sie weich gegessen werden sollen. Anderenfalls den Backofen abstellen und die Matzen im Ofen abkühlen lassen.

Eine Trommel

Du brauchst:

- *biegsame Wellpappe*
- *Schere*
- *zwei Holzreifen, wie sie z. B. bei Stickrahmen oder zum Ringwerfen verwendet werden*
- *Klebeband*
- *Papierstreifen*
- *mit Wasser verdünnter Klebstoff*
- *Pinsel*
- *Pauspapier*
- *Acrylfarben und Pinsel*

So wird's gemacht:

1 Schneide von der Wellpappe einen 7 cm breiten Streifen ab, der so lang sein muss, dass damit die Außenseite der Reifen bedeckt werden kann. Klebe ihn mit Klebeband fest. Schneide noch einen schmaleren Streifen zu, der um die Innenseite passt und klebe ihn dort ebenfalls fest.

2 Bestreiche die Papierstreifen mit verdünntem Klebstoff. Klebe sie innen und außen über die Wellpappe. Achte darauf, dass die Streifen ineinander greifen und bringe mindestens zwei Schichten an. Lass das Ganze trocknen.

3 Schneide aus dem Pauspapier einen Kreis aus, der 2 cm größer als der Reifendurchmesser ist. Den Rand schneidest du ein und bestreichst beide Seiten mit verdünntem Klebstoff. Lege ihn über den oberen Reifen und streiche die Seiten glatt.

4 Lege nun um die Außenseite noch einen letzten Streifen verkleistertes Papier. Lass es trocknen.

5 Male die Trommel innen und außen weiß oder cremefarben an. Das Pauspapier malst du nicht an.

Aus: Lois Rock: Bibel-Bastelbuch. Stuttgart 1999

Palästina unter der Fremdherrschaft der Römer

Jesus wurde in Palästina während der Regierungszeit des römischen Kaisers **Augustus** und unter dem jüdischen König **Herodes dem Großen** geboren. Unter Kaiser **Tiberius** wurde Jesus vom römischen Statthalter **Pontius Pilatus** zum Tod am Kreuz verurteilt.

Die Römer hatten in Palästina seit 63 v. Chr. die Macht. Über die einzelnen Landesteile waren Könige oder Statthalter eingesetzt.

König **Herodes der Große** regierte von 37 v. Chr. bis 4 n. Chr. Von den Römern bekam er die Königsherrschaft verliehen, die er dann selbst mit allen Mitteln verteidigte. Obwohl Herodes Jude war, hasste und fürchtete ihn sein Volk. Er war ein grausamer Herrscher, der um seiner Macht willen sogar seine eigene Frau und seine Söhne ermorden ließ. Er stammte nicht aus dem Hause David, dem allein rechtmäßigen Herrscherhaus der Juden. Die Juden sahen in Herodes einen Günstling des römischen Kaisers.

Herodes lag viel daran, als großer König – ähnlich wie David und Salomo – in die Geschichte seines Volkes einzugehen. Durch seine Bauleidenschaft setzte er sich im ganzen Land Denkmäler. Zeugnis aus dieser Zeit ist die Westmauer in Jerusalem (Klagemauer: ein kleiner Rest der alten Umfassungsmauer des Tempels), die unter seiner Regierungszeit aus riesigen Quadersteinen erbaut wurde.

Nach dem Tod des Herodes des Großen teilten die Römer das Land unter seine Söhne auf.

Herodes Archelaus wurde nach dem Willen seines Vaters König von Judäa, Samaria und Idumäa.

Herodes Antipa erbte Galiläa und Peräa. In Galiläa lebte zu dieser Zeit Jesus in der Stadt Nazaret.

Herodes Philippus bekam das Gebiet der Zehnstädte, die Dekapolis, zugewiesen.

Der von den Juden besonders gehasste Herodes Archelaus entsprach auch sehr bald nicht mehr den Erwartungen der Römer. Er wurde bereits nach zehnjähriger Regierungszeit abgesetzt. Sein Gebiet verwalteten dann römische Statthalter. Von 26–36 n. Chr. herrschte **Pontius Pilatus**.

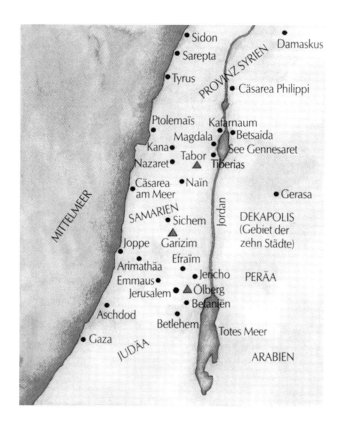

Palästina zur Zeit Jesu

Die römischen Statthalter hielten sich gewöhnlich nicht in Jerusalem auf, sondern wohnten in Cäsarea, einer heidnischen Stadt, die Herodes der Große als Handelsstadt am Mittelmeer erbauen ließ. Nach Jerusalem kamen sie nur zu hohen jüdischen Festen, um die befürchteten Aufstände zu verhindern.

In religiöse Angelegenheiten der Juden mischten sich die Römer nicht ein. Die Juden durften ihre Feste feiern, ihren Gottesdienst ausüben und mussten im Tempel kein Bild des römischen Kaisers aufstellen. Ebenso konnten viele rechtliche Probleme vom Hohen Rat der Juden und dem Hohenpriester geregelt werden.

Ein Todesurteil durfte der Hohe Rat allerdings nicht fällen. Darüber entschied der römische Statthalter.

Die Juden mussten den Römern hohe Steuern entrichten. Die wirtschaftlichen Verhältnisse des Volkes waren sehr bescheiden, daher drückte die Steuerlast schwer. Personen, die Steuern eintreiben mussten, wurden deshalb vom Volk gemieden. Um alle nötigen Unterlagen zur Besteuerung zu erhalten, gab es von Zeit zu Zeit Steuerveranlagungen. Alle Einwohner kamen dazu in ihre Heimatstadt, um ihr Vermögen und ihr Einkommen anzugeben.

Verdienten Bewohnern konnte als Auszeichnung das römische Bürgerrecht verliehen werden. Sie hatten dadurch manche Vorteile und konnten z. B. bei einem Gerichtsverfahren den römischen Kaiser anrufen.

Kaiser Augustus

Kaiser Tiberius

Messiaserwartungen

Das gesellschaftliche und religiöse Leben in Palästina war zur Zeit Jesu sehr unruhig. Bei aller Unterschiedlichkeit war den einzelnen Gruppen aber eines gemeinsam: Sie sehnten sich nach neuer Freiheit und Größe ihres Volkes. Die einen erwarteten vor allem die Befreiung vom römischen Joch und die Wiederherstellung eines jüdischen Reiches, wie es unter König David Bestand hatte.

Die anderen wünschten für ihr Volk die Befreiung von Sünde und Gesetzlosigkeit und den Anbruch des Reiches Gottes. Viele hofften, dass dabei der erwartete Messias die entscheidende Rolle spielen würde.

Wie er allerdings aussehen und wie er auftreten werde, darüber gingen die Meinungen auseinander.

Geschichtlicher Überblick

Jahr	Römer	Jesus	Israel		
70			63 v. Chr.: Römer beherrschen Israel		
60					
50	Cäsar 59–44 v. Chr.				
40					
30			König Herodes d. Gr. 37 v. Chr. bis 4 v. Chr.		
20					
10	Kaiser Augustus 27 v. Chr. bis 14 n. Chr.				
0			Galiläa		Judäa 4 v.–6 n. Chr. Archelaus
10		Jesus von Nazaret			verschiedene Statthalter
20	Kaiser Tiberius 14–37 n. Chr.		Herodes Antipas 4 v. Chr. bis 39 n. Chr.	Herodes Philippus 4 v. Chr. bis 34 n. Chr.	
30					Pontius Pilatus 26–36 n. Chr.
40					

Jesu Weg durch seine Heimat

- *Suche die Stätten, die das Matthäus-Evangelium beschreibt, auf der folgenden Karte heraus oder trage ein!*

Als Jesus zur Zeit des Königs Herodes in Betlehem in Judäa geboren worden war, kamen Sterndeuter aus dem Osten nach Jerusalem und fragten: Wo ist der neugeborene König der Juden? Wir haben seinen Stern aufgehen sehen und sind gekommen, um ihm zu huldigen.   Mt 2, 1–3

Jesus kam von Galiläa an den Jordan zu Johannes, um sich von ihm taufen zu lassen. Johannes aber wollte es nicht zulassen und sagte zu ihm: Ich müsste von dir getauft werden und du kommst zu mir?   Mt 3, 13–14

Als Jesus hörte, dass man Johannes ins Gefängnis geworfen hatte, zog er sich nach Galiläa zurück. Er verließ Nazaret, um in Kafarnaum zu wohnen …   Mt 4, 12–13

Als Jesus nach Kafarnaum kam, trat ein Hauptmann an ihn heran und bat ihn: Herr mein Diener liegt gelähmt zu Hause und hat große Schmerzen …   Mt 8, 5–13

- *Lies dir die Orte der folgenden Karte durch! Kommen dir einige bekannt vor? Suche in der Bibel die passenden Textstellen! Wenn du Mt 8, 5–13 gelesen hast, kannst du in die Sprechblasen schreiben, was der Hauptmann zu Jesus gesagt hat.*

Jesu Weg durch seine Heimat

Jesus von Nazaret, ein Mann aus Galiläa

- Eltern: _____
- Geburtsort (Provinz): _____
- Erlernter Beruf: _____
- Religionszugehörigkeit: _____
- Getauft durch: _____
- römischer Herrscher zur Zeit Jesu: _____
- König der Israeliten: _____
- Ort seiner Gefangennahme: _____
- Prozessbehörde: _____
- Anklage: _____
- Verurteilung durch: _____
- Schuldspruch: _____
- Hinrichtungsstätte: _____
- Geschehen nach seinem Tod: _____

Jesu Leben und Wirken löst unterschiedliche Reaktionen aus: der Zöllner Matthäus

Bei den Zöllnern handelte es sich um eine Gruppe von Menschen, die in der damaligen jüdischen Gesellschaft verachtet wurden. Im ganzen Land standen an Brücken, Stadttoren und Grenzen Zollhäuser. Auf den Tischen vor diesen Häusern mussten die Reisenden die Waren vorzeigen, die sie auf dem Markt verkaufen wollten. Die Zöllner schätzten den Wert der Waren und verlangten Zoll dafür. Bei der Schätzung des Warenwertes konnte es sehr willkürlich zugehen. Aus diesem Grund wurden die Zöllner als Erpresser und Betrüger betrachtet.

Hinzu kam, dass die Zöllner mit der römischen Besatzung zusammenarbeiteten und den größten Teil der Zölle an die Regierung abliefern mussten. Deshalb wurden Juden, die den Beruf eines Zöllners ausübten, oft nicht mehr als zur Familie gehörig betrachtet und wie Aussätzige behandelt.

Jesus nun kam bei seinen Wanderungen oft an Zollstationen vorbei. Er hatte wohl kaum etwas zu verzollen, aber er kam mit den Zöllnern ins Gespräch. Einen dieser Zöllner, Matthäus, lud Jesus sogar ein, sein Jünger zu werden und mit ihm zu ziehen.

Matthäus lädt Jesus und andere Zöllner zu sich nach Hause ein, um ein Fest zu feiern. Einige Menschen, denen dies nicht gefiel, informierten die Pharisäer, die dann auch gleich zum Haus des Matthäus eilten, am Hoftor stehen blieben und so laut, dass es keiner überhören konnte, fragten: „Wie kann sich euer Meister mit Zolleintreiber und anderem Gesindel an einen Tisch setzen?"

Jesus hört die Fragen, steht auf, geht ans Tor und fragt zurück: „Wer braucht eurer Meinung nach einen Arzt? Die Gesunden oder die Kranken?" „Die Kranken natürlich, was für eine Frage", antwortet einer der Pharisäer. „Richtig", sagt Jesus, „darum bin ich hier. Ich gehe nicht zu den Menschen, bei denen alles in Ordnung ist, sondern zu den Sündern. Die haben Gottes frohe Botschaft am nötigsten." Dann setzt sich Jesus wieder an den Tisch um weiterzufeiern. Die Zöllner klatschen Beifall.

- *Was könnte Jesus mit Matthäus gesprochen haben, dass dieser ihm als sein Jünger folgen will und Jesus in sein Haus einlädt?*
- *Warum kommen weitere Zöllner und andere Menschen zu dieser Feier dazu?*
- *Die Pharisäer und Zöllner sprechen nach diesem Zwischenfall über das Vorkommnis. Was werden sie gesagt haben?*

Das Messiasbekenntnis des Petrus

Was versteht man unter dem Messiasbekenntnis des Petrus?
Was kündigt Jesus bei diesem Gespräch zum ersten Mal an?

Zeichne in Form eines Comic den Verlauf dieses Gesprächs!

Lk 18–19

Lk 20

Lk 21

Lk 22

Jesus wird in seiner Heimat abgelehnt

Viele Menschen waren von Jesus begeistert. Seine Botschaft war etwas Neues. Seine Art, von Gott zu sprechen, war anders als sie es bisher gehört hatten. Nicht allen war dies jedoch Recht und bald regte sich auch Widerstand gegen Jesus. Menschen verweigerten sich dem Anspruch, den Jesus an sie stellte. Auch in seiner Heimat stieß Jesus auf Ablehnung.

Eine gefährliche Situation schildert Lukas in seinem Evangelium: Jesus kommt nach Nazaret, wo er aufgewachsen war und geht, wie gewohnt, am Sabbat in die Synagoge. Er liest aus dem Buch des Propheten Jesaja und erläutert ihnen die Bedeutung der Schrift. Die Menschen sind damit nicht einverstanden, sie beschimpfen ihn, werden wütend – es wird gefährlich für Jesus:

„Sie sprangen auf und trieben Jesus zur Stadt hinaus; sie brachten ihn an den Abhang des Berges, auf dem ihre Stadt erbaut war und wollten ihn hinabstürzen. Er aber schritt mitten durch die Menge hindurch und ging weg."

Lk 4, 29–30

- *Warum kommt es deiner Meinung nach nicht dazu, dass die Menschen Jesus den Abhang hinabstürzen?*
- *Male die Szene, die dich mehr beeindruckt (die Menschenmenge, die Jesus bedroht – wie Jesus durch die Menge hindurch weggeht).*

Jesu Tod und Auferstehung – Quelle der Hoffnung für Christen

- *Diese Karte zeigt Jerusalem zur Zeit Jesu mit Stationen seines Leidensweges. Zeige anhand der Passionsgeschichte die einzelnen Stationen auf!*

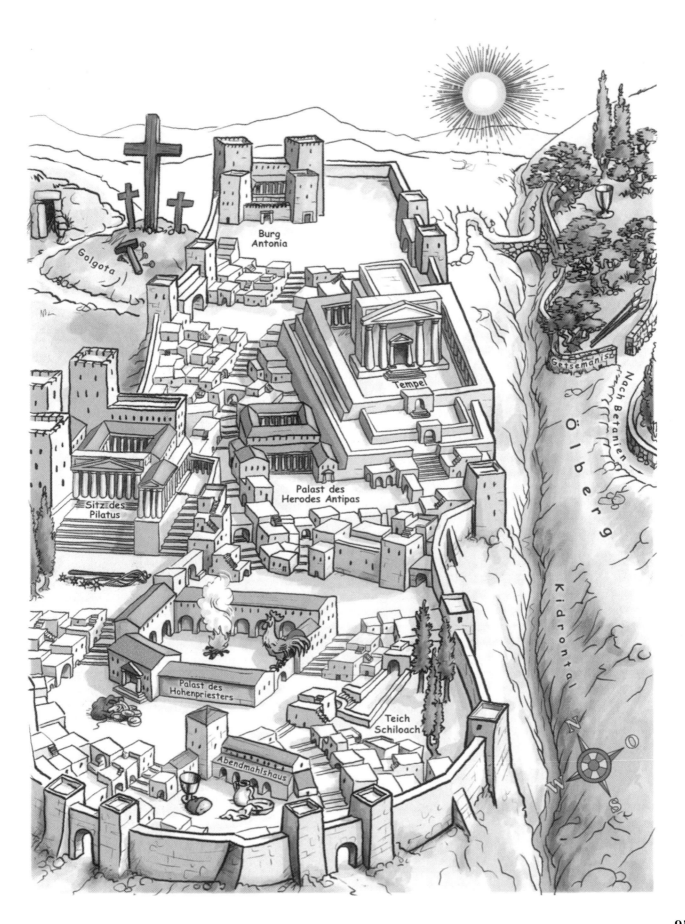

Das letzte Mahl mit Jesus

Es ist der erste Tag des Paschafestes. Heute Abend wird in Jerusalem in allen Häusern das Paschamahl gefeiert werden. Die Leute, die dafür nach Jerusalem gekommen sind, dürfen ihr Paschamahl bei Verwandten oder Freunden oder bei anderen essen, die einen Raum in ihrem Haus übrig haben. Jesus ist jeden Abend zum Ölberg gegangen, um dort zu übernachten. In Jerusalem hat er nicht nur Freunde, sondern auch Feinde. Er weiß, dass die ihn gefangen nehmen wollen, wenn es dunkel ist und nicht viele Leute bei ihm sind. Deshalb hat Jesus insgeheim mit einem Freund in Jerusalem verabredet, dass er im Hause dieses Freundes das Paschamahl essen wird. Sogar die Schüler wissen noch nicht, wo sie an diesem Abend mit Jesus sein werden.

Aber jetzt fragen Petrus und Johannes: „Wo sollen wir das Paschamahl vorbereiten?"

Jesus antwortet: „Wenn ihr in die Stadt geht, werdet ihr einen Mann sehen, der einen Krug mit Wasser trägt. Geht ihm nach, auch wenn er ein Haus betritt. Den Besitzer dieses Hauses müsst ihr fragen: Wo ist das Zimmer, in dem unser Rabbi mit seinen Schülern das Paschamahl feiern kann? Er wird euch dann einen großen Raum im Obergeschoss des Hauses zeigen. Bereitet da alles für uns vor."

Petrus und Johannes machen sich auf den Weg. Bevor sie in die Stadt gehen, ruhen sie sich bei dem Brunnen aus, wo Frauen Wasser holen kommen. Sie sehen auch einen Mann mit einem Krug aus dem Stadttor kommen. „Das ist er!", flüstert Johannes. Der Mann holt Wasser aus dem Brunnen und geht wieder in die Stadt. Petrus und Johannes folgen ihm und finden so das Haus, das sie aufsuchen sollten. Der Freund von Jesus hat alles vorbereitet, was sie brauchen.

Da steht ein langer Tisch mit Bänken drumherum, auf denen Teppiche und Kissen liegen. Denn beim Paschamahl sitzt man nicht einfach am Tisch. Jeder legt sich dann festlich zu Tisch und stützt sich auf den linken Arm. Auf dem Tisch stehen Öllämpchen, eine Schale für das Brot und ein Krug und ein Becher für den Wein. An der Tür stehen ein großer Krug mit Wasser und ein Waschbecken mit einem Handtuch.

Petrus und Johannes gehen zum Markt, um Einkäufe zu erledigen. Als es Abend wird und Jesus mit den anderen Schülern hereinkommt, ist alles fertig. Die Öllämpchen verbreiten gedämpftes Licht. An der Tür ziehen sie ihre Sandalen aus. Aber es gibt keinen Diener, der ihnen die Füße wäscht, wie es Sitte ist, bevor man sich an den Tisch setzt. Die Schüler warten darauf, dass Jesus sagen wird, wer von ihnen nun die Arbeit des Dieners übernehmen soll.

Aber Jesus sagt nichts. Er setzt sich. Da suchen auch die Schüler schnell einen Platz so nah wie möglich bei Jesus. Bei so einem Festmahl sollte der Wichtigste neben Jesus sitzen, denken sie. Aber wer ist das? Jesus hat nie gesagt, wer der Erste unter seinen Schülern ist. Nun streiten sie sich darüber, bis auf dem Tempelberg die Trompeten erschallen. Das ist das Zeichen, dass die ersten drei Sterne am Himmel erschienen sind und dass jeder in Jerusalem nun mit dem Paschamahl anfangen kann.

Aber Jesus steht auf. Er zieht seinen Mantel aus und geht zur Tür. Dort bindet er das Handtuch um und gießt Wasser aus dem Krug in das Becken. Damit wäscht er die Füße seiner Schüler und trocknet sie mit dem Tuch ab. Die Schüler erschrecken. Sie schämen sich. Nun übernimmt Jesus die Arbeit eines Dieners, die sie nicht tun wollten. Als Petrus an die Reihe kommt, sagt er: „Ich will nicht, dass du meine Füße wäschst!"

Jesus sagt: „Du verstehst es jetzt noch nicht, Petrus, aber wenn ich deine Füße nicht wasche, wirst du nicht zu mir gehören."

Als Jesus wieder am Tisch sitzt, gießt er Wein in den Becher und spricht ein Dankgebet. Dann lässt er den Becher mit Wein rundgehen und seine Schüler trinken der Reihe nach aus demselben Becher. Dadurch fühlen sie, dass sie zueinander und zu Jesus gehören.

Jesus erzählt die alte Geschichte über die Befreiung aus Ägypten, wie es jedes Jahr bei der Paschafeier getan wird. Danach sagt er: „Wir leben jetzt im gelobten Land und trinken Wein aus Trauben, die hier wachsen. Und doch sind wir nicht wirklich frei. Menschen, die mächtig sein wollen, spielen die Herren über unser Volk. Aber auch unter uns will jeder der Erste sein, der Wichtigste.

Im Königreich Gottes ist das anders. Dort ist niemand Herr über einen anderen. Dort gibt es keinen Diener, der den anderen die Füße wäscht. Dort tun Menschen dies aus Liebe füreinander."

Jesus nimmt ein Brot, bricht es in Stücke und teilt diese an seine Freunde aus. „Ich werde nicht mehr lange bei euch sein", sagt er, „aber wenn ihr zusammenkommt, um euer Brot zu teilen, denkt an mich und an meine Worte."

Danach schenkt Jesus Wein in den Becher und sagt: „Ich will mein Leben für meine Freunde geben. Ihr seid meine Freunde, wenn ihr tut, was ich euch gelehrt habe." Dann lässt er den Becher wieder rundgehen und der Reihe nach trinken seine Schüler daraus.

Es ist dieses Mal kein fröhliches Paschamahl. Jesus ist nicht mehr sicher in Jerusalem. Nachdem sie noch ein Paschalied gesungen haben, geht Jesus mit seinen Freunden zum Ölberg, um dort zu übernachten.

Schneide die Figuren aus und klebe sie auf einem Blatt zu einem Bild von der Fußwaschung!
Die Schüssel male selbst dazu! Male zu einigen Personen Sprechblasen!

Gefangen genommen in der Nacht

Es ist still in den Straßen von Jerusalem. Überall in den Häusern brennen die Öllämpchen und wird das Paschamahl gefeiert. Die Menschen sind fröhlich und singen Lieder.

Jesus und seine Freunde gehen schweigend durch das Stadttor und steigen auf den Ölberg. Judas ist nicht mehr dabei. Er ist weggegangen. Petrus geht neben Jesus. Er ist unruhig. Was wird geschehen? Wo ist Judas hingegangen? Petrus traut der Sache nicht über den Weg. Lässt Judas Jesus jetzt im Stich, wo es gefährlich wird?

„Warum ist Judas weggegangen?", fragt Petrus.

„Heute Nacht werdet ihr mich alle im Stich lassen, Petrus", sagt Jesus traurig.

„O nein!", ruft Petrus aus. „Das werde ich niemals tun. Ich werde immer bei dir bleiben!"

„Noch in dieser Nacht, Petrus, bevor der Hahn kräht, wirst du dreimal sagen, dass du mich nicht kennst. Du wirst mich dreimal verleugnen."

„Und wenn ich mit dir sterben müsste, ich werde dich nie verleugnen!", sagt Petrus. Inzwischen kommen sie zu einem Olivenhain, der Getsemani heißt.

„Wartet hier", sagt Jesus, „ich gehe in diesen Garten zum Beten." Petrus, Jakobus und Johannes gehen mit Jesus und setzen sich unter einen Olivenbaum. Petrus sieht, dass Jesus traurig und voller Angst niederkniet. Jakobus und Johannes schlafen vor Müdigkeit ein. Petrus will wach bleiben und mit Jesus beten. Aber etwas später schläft er selbst ein.

Mitten in der Nacht schreckt er hoch. Jesus steht bei ihnen und sagt: „Es ist soweit. Steht auf!"

Petrus springt auf und sieht, wie sich Fackellicht zwischen den Bäumen nähert. Voll Panik schaut er zu Jesus, aber der ist jetzt ganz ruhig. Die anderen Schüler sind auch wach geworden und stellen sich um Jesus herum auf.

Petrus denkt: Wir dürfen Jesus nicht gefangen nehmen lassen. Wir müssen ihn verteidigen. Aber die Tempelpolizei kommt mit einer großen Schar von Männern, die Schwerter und Knüppel tragen, auf sie zu. Und … Judas ist an der Spitze. Er geht auf Jesus zu und sagt: „Tag, Rabbi." Und er gibt ihm einen Kuss.

„Mein Freund, bist du dazu hierher gekommen?", fragt Jesus. Und zu der bewaffneten Schar sagt er: „Es sieht so aus, als ob ihr einen gefährlichen Verbrecher gefangen nehmen müsst. Mit Schwertern und Knüppeln sucht ihr mich hier, obwohl ich doch jeden Tag im Tempel war. Habt ihr da nicht gewagt, mich gefangen zu nehmen?"

Gefangennahme Jesu, Kupferstich von Matthäus Merian

Die Männer der Tempelpolizei geben keine Antwort. Sie ergreifen Jesus und binden mit einem Strick seine Hände auf den Rücken.

Petrus sieht, dass die anderen Schüler in die Dunkelheit flüchten. Auf einmal fürchtet er um sein Leben und flüchtet auch. Aber etwas später schämt er sich für seine Feigheit und folgt Jesus in einigem Abstand den Ölberg hinunter nach Jerusalem. Er sieht, dass Jesus in das Haus des Hohenpriesters gebracht wird.

Auf dem Innenplatz des Hauses machen die Knechte des Hohenpriesters ein Feuer, denn es ist kalt. Petrus setzt sich auch zum Feuer, um sich zu wärmen. Aber ein Dienstmädchen kommt auf ihn zu und sagt: „Du warst auch bei diesem Mann, der gefangen genommen worden ist!"

Erschrocken sagt Petrus schnell: „Nein, ich verstehe nicht, wie du das sagen kannst!" Er steht auf und geht zum Ausgang, aber da erkennt ihn auch ein anderes Dienstmädchen. Sie zeigt auf Petrus und sagt zu den Männern, die dort stehen: „Das ist ein Freund von Jesus."

„Ich kenne ihn gar nicht!", ruft Petrus aus.

Die Männer sagen: „O doch, du gehörst ganz sicher zu ihm. Du kommst auch aus Galiläa. Das ist deutlich an deiner Aussprache zu hören."

„Und doch kenne ich ihn nicht", sagt Petrus noch einmal und geht schnell hinaus.

Die Nacht ist beinahe vorüber. Am Horizont beginnt es hell zu werden und Petrus hört in der Ferne einen Hahn krähen. Auf einmal erinnert er sich, was Jesus gesagt hat. Ja, er hat genau wie die anderen Schüler Jesus im Stich gelassen. Und nun hat er ihn auch noch dreimal verleugnet. Petrus versteckt sich hinter ein paar Büschen und bricht in Tränen aus.

Ist nun alles vorbei?

Wo ist Judas geblieben? Er ist hinter der Bande hergegangen, die Jesus zum Hohenpriester gebracht hat. Auf einem dunklen Platz wartet er nun ab, was geschehen wird.
Langsam wird es hell. Es wird Morgen. Da öffnet sich die große Tür des Hauses und Judas sieht, dass Jesus gefesselt weggeführt wird. Er hört einen Knecht des Hohenpriesters sagen: Jesus wird zu Pilatus gebracht."
Pilatus ist der römische Statthalter, der dafür sorgen muss, dass die Juden nicht gegen den römischen Kaiser in Aufstand geraten.
Ein anderer Knecht sagt: „Jesus wird beschuldigt, gesagt zu haben: „Ich bin der König der Juden." Deshalb wird Pilatus ihn wohl als Aufständischen töten lassen."
Judas erschrickt. Er weiß, was das bedeutet. Wer an einem Aufstand gegen den römischen Kaiser teilnimmt, wird an einem hölzernen Kreuz aufgehängt, um so zu sterben. Wird das jetzt mit Jesus geschehen? Aber das wollte Judas nicht?
Warum hat er Jesus dann verraten und gefangen nehmen lassen? Hat er das getan, weil er hoffte, dass Jesus dann zeigen würde, wer er ist? Dass er der König ist, den das Volk erwartet? Glaubte Judas, dass Gott Jesus dann doch gegen seine Feinde helfen würde? Und dass er danach die Römer verjagen würde?
Niemand weiß, warum Judas Jesus verraten hat. Aber jetzt bereut er es über alle Maßen. So sehr, dass er nicht mehr weiterleben will. Er tötet sich selbst. Die anderen Schüler wagen es nicht, sich sehen zu lassen. Sie befürchten, dass sie auch gefangen

Kreuzigung und Tod Jesu, Kupferstich von Matthäus Merian

genommen werden. Aber es gibt viele Gefährten von Jesus, die zu der römischen Burg gehen, wo Jesus von Pilatus verurteilt wird. Und als Jesus von römischen Soldaten zu einem Hügel außerhalb der Stadt gebracht wird, um dort getötet zu werden, läuft eine große Menge hinterher.

Maria aus Magdala ist auch dabei mit zwei anderen Frauen aus Galiläa. Als Jesus nach Jerusalem ging, sind sie mitgegangen. Sie sorgen und ängstigen sich. Wie gern würden sie Jesus helfen. Aber sie werden von den römischen Soldaten verjagt.

Dennoch bleiben sie so dicht wie möglich bei Jesus.

Etwas später sehen sie, wie auf dem Hügel der Golgota heißt, drei Holzkreuze aufgestellt werden. Gleichzeitig mit zwei Räubern wird Jesus an ein Kreuz gehängt. Die Frauen erschaudern vor Entsetzen und als Jesus stirbt, fallen sie weinend zu Boden.

Josef aus Arimathäa, ein Freund von Jesus, hat einen Garten nicht weit von Golgota. Er hat die Genehmigung von Pilatus bekommen, Jesus in seinem Garten zu begraben. Zusammen mit einem anderen Freund holt er den Leichnam von Jesus vorsichtig vom Kreuz herunter. Sie wickeln ihn in ein Laken und tragen ihn zu dem Garten.

Maria aus Magdala und die anderen Frauen gehen mit. In dem Garten ist aus einem Felsen ein neues Grab herausgehackt worden. Dort legt Josef den Leichnam von Jesus hinein. Danach rollen die Männer einen großen runden Stein vor das Grab und gehen nach Hause.

Die Frauen bleiben traurig vor dem Grab sitzen, bis es dunkel wird. Jesus ist tot und begraben. Ist nun alles vorbei?

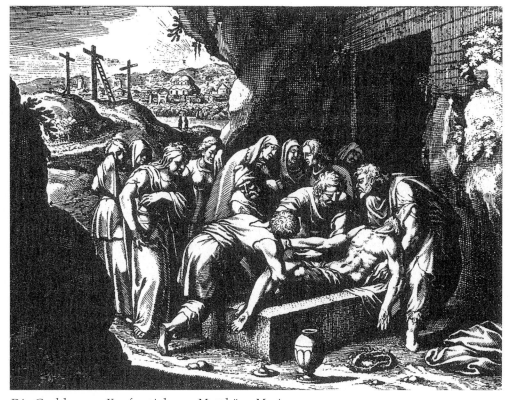

Die Grablegung, Kupferstich von Matthäus Merian

Ostermorgen

Es ist noch still in Jerusalem, denn es ist früh am Morgen. In einem dunklen Zimmer sitzen die Schüler von Jesus beieinander. Schweigend essen sie ihr Brot. Der Platz, an dem Jesus vor ein paar Tagen noch gesessen hat, ist leer.

Jesus ist gefangen genommen worden. Und seine Schüler, seine Freunde sind geflohen. Sie haben Jesus im Stich gelassen.

Nun ist Jesus tot. Sein Leichnam liegt in einem Felsengrab in einem Garten außerhalb von Jerusalem.

Die Schüler sind verzweifelt. Was wollen sie ohne Jesus tun? Sie sind auch enttäuscht. Sie hatten gehofft, dass mit Jesus alles in ihrem Leben anders werden würde. Dass mit Jesus Gottes Königreich kommen würde.

Nun ist alles vorbei. Jesus ist tot. Es gibt keine Hoffnung mehr.

Aber auf einmal fliegt die Tür auf. Maria aus Magdala und zwei andere Frauen kommen aufgeregt herein. Die Schüler erschrecken. Was ist denn jetzt wieder passiert?

„Wir sind beim Grab von Jesus gewesen", sagt Maria aus Magdala, „aber er ist nicht mehr da!"

„Was!", ruft Petrus und springt auf. „Wie kann das sein?"

„Es war ein Engel da, der sagte: Ihr sollt Jesus nicht hier suchen. Hier ist er nicht. Sucht ihn bei den Lebenden!"

„Das kann nicht sein", sagt Thomas. „Jesus ist tot!"

„Nein, ich glaube, dass Jesus lebt!", sagt Maria aus Magdala. „Ihr sollt nicht in diesem dunklen Zimmer sitzen bleiben. Der Engel sagte: Sagt zu Petrus und seinen Freunden: Geht nach Galiläa. Dort werdet ihr sehen, dass Jesus lebt."

„Alles Geschwätz!", sagt Thomas. „Jesus ist tot und damit ist alles vorbei."

Maria aus Magdala schüttelt den Kopf. „Es ist nicht vorbei, was mit Jesus angefangen hat. Wisst ihr noch, was Jesus über das Senfkorn gesagt hat?"

Daran musste ich denken, als ich in dem Garten beim Grab war. Ich stand bei einem Baum und auf einmal hörte ich Jesus wieder sagen: Ein Senfkorn ist das kleinste von allen Samenkörnern. So ein Samenkorn scheint tot zu sein, aber wenn es in die Erde fällt, kann neues Leben daraus wachsen, ein neues Pflänzchen, und dieses Pflänzchen kann ein Baum werden."

„Ja", sagt Johannes, „so ist es auch mit Gottes Königreich. Jesus hat in Galiläa angefangen, den Menschen davon zu berichten. Nun müssen wir damit fortfahren."

„Dann ist es nicht aus und vorbei mit dem Tod von Jesus", sagt Petrus.

Sie erinnern sich jetzt wieder, was Jesus sie gelehrt hat, die Geschichten, die er erzählt hat, und was er für kranke und traurig Menschen getan hat. Sie reden miteinander darüber und da ist es so, als ob Jesus wieder bei ihnen wäre. Sie bekommen wieder neuen Mut, und sie gehen hinein, ins Licht!

Osterkreuze

Du brauchst:

340 g Mehl
225 ml Wasser
1 Teelöffel Salz
15 g Butter
½ P. Trockenhefe
2 Esslöffel Öl
Mohn zum Verzieren

Wusstest du's?

Das Kreuz ist seit dem Ende des 3. Jahrhunderts das wichtigste Symbol der Christenheit.

Einige Christen tragen ein Kreuz an einer Halskette. Sie wollen daran erinnern, dass Christus für uns starb.

Zubereitung des Teiges

5 Rolle jeden Teil mit den Händen zu einer 30 cm langen Wurst. Schneide an einem Ende eine 10 cm lange Wurst ab.

6 Schneide mit einer Schere eine kleine Kerbe in jede Wurst. Lege die Würste in Form eines Kreuzes zusammen auf ein Blech.

Backen der Kreuze

1 Stelle den Backofen auf 230 °C. Bestreiche zwei Bleche mit Öl. Füge Mehl, Salz und Hefe in eine Schüssel. Zerdrücke die Butter in Krümel und mische sie unter das Mehl.

2 Drücke ein Loch in das Mehl und rühre das Wasser hinein, bis ein weicher Teig entsteht. Wenn der Teig zu klebrig ist, gib Mehl dazu; falls zu trocken, dann noch etwas Wasser.

3 Bestreue eine Arbeitsfläche mit Mehl. Lege den Teig darauf. Falte den Teig einmal und drücke deine Fingerknöchel fest in die Mitte.

4 Drehe den Teig um eine viertel Drehung und knete ihn wieder. Wiederhole diesen Vorgang ungefähr 5 bis 10 Minuten lang. Schneide den Teig in vier Teile.

1 Bestreiche die Kreuze mit Öl und bestreue sie mit Mohn. Bedecke sie mit der Folie und stelle das Backblech an einen warmen Platz, damit der Teig „gehen" kann.

2 Nach ungefähr 15 Minuten entfernst du die Folie und schiebst das Backblech in den Backofen. Lasse die Kreuze ungefähr 15 Minuten backen.

Aus: Lesley Wright: Bibel-Koch- und -Backspaß – London, Asslar 2000

Auf dem Weg nach Emmaus

Die Sonne scheint fröhlich und Blumen blühen am Wegesrand, aber Kleopas und sein Freund sehen es nicht. Mit gesenktem Kopf gehen sie auf dem Weg von Jerusalem in das Dorf Emmaus. In Jerusalem haben sie das Paschamahl gefeiert. Sie haben gewartet, bis der Sabbat vorbei ist, und nun gehen sie wieder nach Hause.

Sie reden miteinander über das, was in Jerusalem geschehen ist. Wie hatten sie sich darüber gefreut, dass Jesus am Paschafest auch in Jerusalem sein würde. Aber nun ist er tot und begraben. Kleopas und sein Freund sind tieftraurig.

Es geht noch ein Mann auf dem Weg. Er ist allein. Die zwei Freunde achten nicht auf ihn, aber der Mann geht neben ihnen und fragt: „Womit seid ihr so sehr beschäftigt? Und warum schaut ihr so düster drein?"

Kleopas fragt erstaunt: „Bist du der einzige Fremde in ganz Jerusalem, dass du nicht weißt, was in den letzten Tagen geschehen ist?"

„Was ist denn geschehen?", fragt der Mann.

Kleopas antwortet: „Jesus von Nazaret ist tot. Er war ein Prophet, ein Botschafter Gottes. Und er bedeutete uns viel durch das, was er gesagt und getan hat. Wir hofften, dass er unser Volk von unseren Feinden befreien würde. Und wir dachten auch, dass er König werden würde. Er wäre ein sehr guter König gewesen. Aber er ist gefangen genommen und gekreuzigt worden. Alles ist vorbei.

Als wir heute Morgen aus dem Tor aus Jerusalem herausgingen, haben uns ein paar Frauen auch noch erschreckt. Sie erzählten, dass sie bei dem Grab von Jesus gewesen waren, aber das Grab war leer. Die Frauen sagen auch, dass sie Engel sahen, die sagten, dass Jesus lebt. Aber das können wir nicht glauben."

Der Fremde geht eine Zeitlang mit ihnen. Dann sagt er: „Habt ihr es denn richtig verstanden? Unsere Propheten haben nie gesagt, dass der König, der von Gott kommt, Krieg führen würde, um Israel von Feinden zu befreien. Sie haben gesagt, dass er ein König des Friedens sein würde und dass er auch leiden würde, genau wie sein Volk. Aber wisst ihr noch, was er über Gottes Königreich gesagt hat?"

Kleopas und sein Freund erinnern sich nun wieder daran, was Jesus gesagt hat. Während sie miteinander darüber sprechen, kommen sie in Emmaus an. Der Fremde will weitergehen, aber Kleopas sagt: „Bleibe bei uns, es wird Abend, die Sonne ist schon untergegangen." Da geht der Mann mit ihnen in das Haus, wo sie übernachten werden.

Als sie am Tisch sitzen, um zusammen zu essen, nimmt der Fremde das Brot. Er spricht ein Dankgebet darüber, bricht für jeden ein Stück ab und gibt es ihnen.

Die zwei Freunde sehen den Fremden an, während sie das Brot von ihm annehmen. Da auf einmal erkennen sie ihn! Es ist so, als ob sie jetzt erst richtig sehen können. Es ist Jesus! Aber bevor sie etwas sagen können, ist Jesus verschwunden.

Kleopas schaut das Stück Brot in seiner Hand an und sagt: „Als er uns das Brot gab, erkannten wir ihn. Aber unterwegs, als er mit uns sprach, war ich schon nicht mehr so traurig."

„Ja", sagt sein Freund, „so war es auch bei mir. Ich fühlte, wie es mir von innen her immer wärmer und leichter wurde."

Sie stehen auf und gehen nach Jerusalem zurück, um den Schülern von Jesus zu berichten, was sie erlebt haben. Es ist schon dunkel auf dem Weg, aber in ihren Herzen ist es hell. Sie wissen jetzt, dass nicht alles vorbei ist. Was mit Jesus begonnen hat, wird weitergehen.

Ostern: das bedeutendste Fest im Kirchenjahr

Ostern gilt als das bedeutendste Fest im Kirchenjahr. Die drei österlichen Tage vom Leiden, vom Tod und von der Auferstehung Jese sind die Höhepunkte des Kirchenjahres „Christus ist von den Toten auferstanden" – diese Botschaft ist die Quelle der Hoffnung für uns Christen. Christus hat den Tod überwunden und ist für uns da – dieses zentrale Ereignis gilt es zu feiern.

Diesen Tagen geht allerdings eine Bußzeit, die sog. Fastenzeit, voraus. Den Beginn bildet dabei der Aschermittwoch. An diesem Tag legt der Priester Asche auf das Haupt und spricht die Worte: „Bedenke, Mensch, dass du Staub bist und wieder zum Staub zurückkehren wirst!"

Die Fastenzeit umfasst 40 Tage. Eine besondere Stellung nimmt in dieser Zeit der sechste Fastensonntag ein, der Palmsonntag. Mit diesem Tag beginnt die Feier der Karwoche. Die Menschen in Jerusalem begrüßten Jesus mit Palmzweigen. Wir feiern ihn als König in der Palmprozession.

Am Gründonnerstag erinnert die Kirche an das letzte Abendmahl Jesu mit seinen Jüngern. Vor diesem Mahl wusch er ihnen die Füße. Fußwaschung und Abendmahl zeigen, dass Jesus bis in den Tod hinein gedient hat.

Am Karfreitag steht im Mittelpunkt der Feier in der Kirche der Kreuzestod Jesu. Wir verehren sein Kreuz, weil es neues Leben und Hoffnung gebracht hat.

In der Osternacht feiern die Christen den Mittelpunkt unseres Glaubens: Jesus Christus ertrug für uns alle Leiden und ermöglichte uns durch seine Auferstehung das ewige Leben. Licht und Taufwasser sind Zeichen dafür.

Ein Ministrant berichtet: „Am Ostersonntag, ganz früh um vier Uhr, begann die Osterfeier. Viele Menschen saßen bereits schweigend in der dunklen Kirche. Wir Ministranten waren im Hof um das Osterfeuer versammelt. Der Pfarrer weihte die Osterkerze. Er steckte fünf Weihrauchkörner in die große Kerze. Sie sollen uns an die Wundmale Jesu Christi erinnern. Die Osterkerze ist ein Sinnbild für den auferstandenen Jesus. Am Osterfeuer wurde nun die Osterkerze entzündet. Dann trug sie unser Pfarrer in die dunkle Kirche. Anschließend entzündeten alle ihre Kerzen. Es wurde allmählich ganz hell – eine ganz besondere Stimmung breitete sich aus. Während des Gottesdienstes tauchte unser Pfarrer dann die Kerze in das Weihwasser. Der Gottesdienst in der Nacht war ganz feierlich."

Noch heute trägt man in manchen Gegenden das geweihte Feuer auf nächtlichem Weg aus der Kirche nach Hause. Auf Hügel und Bergen werden in der Osternacht große Holzstöße angezündet. Manchmal lässt man auch große Holzräder mit brennendem Stroh zwischen den Speichen zu Tal rollen. Das Osterfeuer ist in einem doppelten Sinn zugleich ein Zeichen der christlichen Neugeburt und ein Abbild des wieder erstarkenden Lebenslichts, der Sonne.

Die Osterzeit beginnt mit dem Ostersonntag. Sie umfasst 50 Tage und schließt mit dem Pfingstfest, dem Fest der Geistaussendung. Zehn Tage vor Pfingsten wird das Fest Christi Himmelfahrt gefeiert. Beide Feste sollen deutlich machen, dass Jesus für uns lebendig ist und unter uns wirkt.

Ostersymbole und ihre Bedeutung

Das Osterlamm

Zu Ostern ein Lamm zu verzehren, das in einer eigenen Form gebacken wird, ist in manchen Familien Tradition. Häufig wird es mit einer Fahne geschmückt.

- Wer ein Lamm sieht, denkt an Frieden und Unschuld. Diese Eigenschaften werden mit dem Lebenswerk Jesu in Verbindung gebracht. Christus ist das „Lamm Gottes", das geduldig leidet und selbst unschuldig für uns gestorben ist.
- Das Agnus Dei (Lamm Gottes) der Messe ist der „österliche Klang" in der Feier. „Seht das Lamm Gottes, das hinwegnimmt die Sünde der Welt", beten wir in der Kirche.
- Das Lamm mit der Kreuzfahne ist ein Bild des leidenden (Lamm) und auferstandenen (Fahne) Christus.

Der Osterhase

Der „Osterhase" steht zunächst als Sinnbild für Schnelligkeit und Wachsamkeit, denn man meinte, er höre alles mit seinen großen Ohren und er sehe alles, weil er auch nachts die Augen nicht schließe.
Auf alten Bildern und Kirchenfenstern, auf denen Gottes Schöpfung gemalt ist, ist immer der Hase mit im Bild. Das Bild des Hasen will also sagen: Gott ist überall da, er sieht alles, er hört alles.
Für die kleinen Kinder ist er ein Glücksbringer, wenn er Schokoladenhasen und Ostereier im Garten versteckt hat.

Die Osterkerze

Die Zeichen und Symbole auf der Osterkerze bedeuten Folgendes:

- A (Alpha) und Ω (Omega) sind der erste und letzte Buchstabe des griechischen Alphabets. Der Priester spricht dazu: „Christus, gestern und heute, Anfang und Ende. Sein ist die Zeit und die Ewigkeit. Sein ist die Macht und die Herrlichkeit in alle Ewigkeit. Amen."
- Die jeweilige Jahreszahl sagt uns: Christus ist Herr der Zeit und besonders auch des gegenwärtigen Jahres.
- Fünf Weihrauchkörner werden in die Kerze eingefügt und jeweils mit roten Wachsnägeln verschlossen. Sie erinnern uns an die Wunden, die Jesus auf seinem Weg zum Kreuz zugefügt wurden.
- Das Kreuz zwischen den Jahreszahlen und den Wachsnägeln bedeutet: Jesus ist für uns gestorben.
- Die Osterkerze bleibt das ganze Jahr über in der Kirche. An ihr werden die Taufkerzen angezündet.

Das Osterei

Das Symbol „Ei" ist schon im Altertum Inbegriff des Lebens und der Fruchtbarkeit; im Christentum wird es zum Zeichen der Auferstehung. Das Durchbrechen der Eierschale durch das junge Küken wird zum Bild für den auferstandenen Christus. Die Eierschale weist auf das Grab hin. Die Verbreitung des Eis als Ostersymbol wurde dadurch gefördert, dass Ostern neben Martini Zahltermin für Pacht und Zins war. Der kleine Mann zahlte u. a. mit Eiern.

Es ist Brauch, hart gekochte Hühnereier zu verschenken. Das kann damit zusammenhängen, dass im Mittelalter zur besseren Haltbarkeit und zum guten Transport die Eier gleich gekocht wurden. Eine Rolle mag dabei auch spielen, dass im Mittelalter während der Fastenzeit keine Eier gegessen werden durften und die Eier lange lagern mussten.

Die Eier werden verziert. Schon vor 5000 Jahren sollen Chinesen bunt verzierte Eier zum Frühlingsanfang verschenkt haben. In Europa werden im 13. Jahrhundert erstmals gefärbte Eier erwähnt. Die älteste bezeugte Farbe ist das Rot. In Österreich war dies bis zum Ersten Weltkrieg die nahezu ausschließlich verwendete Farbe. Rot ist die Farbe der Sonne, der Freude und damit des Lebens. Es gilt aber auch als die Farbe des Blutes und weist damit auf Jesu Tod am Kreuz hin, der durch die Auferstehung zu unserer Freude wird.

In manchen Pfarreien bemalt jede Familie vor Ostern ein Ei, auf das der Name der Familie geschrieben wird. Diese Eier werden am Karsamstag an einen „Osterbaum" (Forsythien, Weiden, Birken) neben den Altar gehängt, so dass im Bild des Osterstraußes alle Familien der Gemeinde um den Altar versammelt sind.

Hasenversteck

In dieser Karte hat sich ein Hase versteckt. Wenn man sie aufklappt, kommt er hervor. Solch eine lustige Klappkarte lässt sich leicht selber basteln.

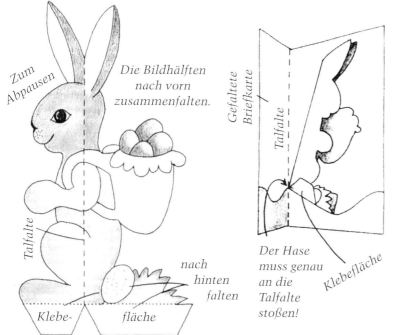

Du brauchst:

Briefkarte
Butterbrotpapier
dünner weißer Karton
Schere, UHU-Klebstoff

Nach dem Muster von nebenan kannst du das Häschen abpausen und auf den Karton übertragen. Bevor du es ausschneidest, male es noch bunt an.
Falte die Briefkarte in der Mitte und schreibe deinen Ostergruß hinein.
Das Häschen wird in den Falz der Briefkarte geklebt.
Zum Schluss kannst du auch noch etwas Gras und bunte Blumen dazumalen.

Ostern feiern

Ausschneideblatt

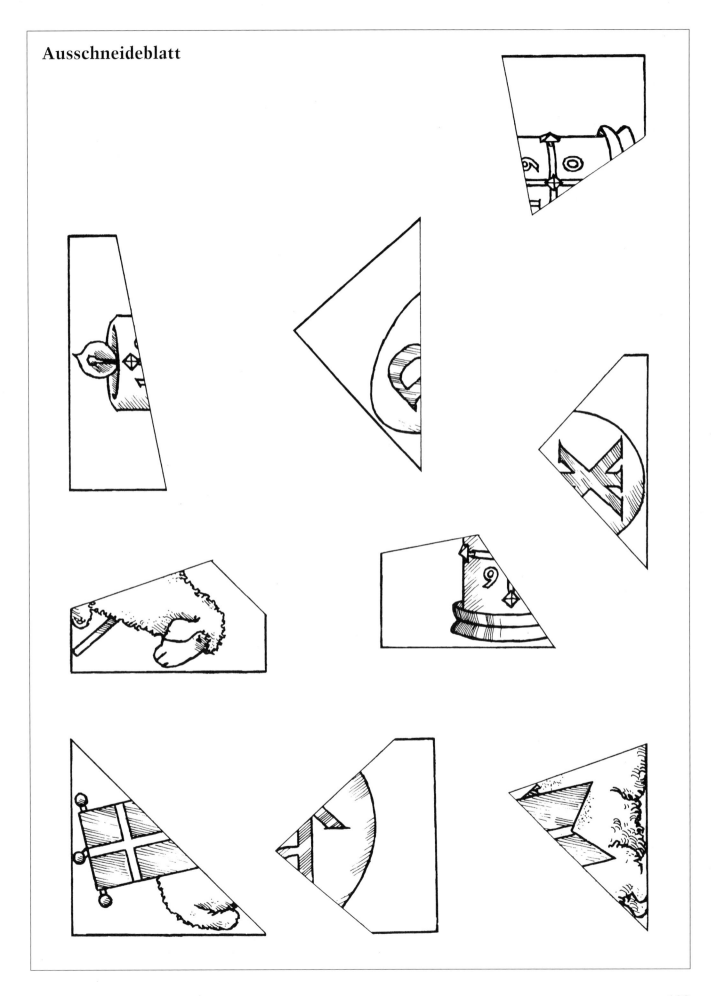

Ausschneideblatt

Ostern feiern

Setze die Teile vom Ausschneideblatt zu drei Ostersymbolen zusammen! Benenne das Symbol und schreibe etwas von seinem österlichen Sinn!

Welches Ostersymbol kennst du noch?

Ostern: das wichtigste Fest im Kirchenjahr

Die Mitte aller liturgischen Festfeiern ist Ostern, weil Ostern Ursprung und Grund unseres Glaubens ist. Die drei österlichen Tage vom _____, vom _____ und von der _____ des Herrn sind die Höhepunkte des Kirchenjahres. Diesen Tagen geht eine Buß- _____ zeit voraus. Sie wird auch _____ genannt. Die Fastenzeit beginnt mit dem _____. Sie umfasst insgesamt _____. Eine besondere Stellung nimmt _____ der sechste Fastensonntag ein, der _____ - _____. Mit diesem Tag beginnt die _____ Feier der _____. Am _____ - _____ erinnert sich die Kirche in besonderer Weise an das letzte Abendmahl Jesu mit seinen Jüngern.
Am _____ steht im Mittelpunkt der liturgischen Feier der Kreuzestod Jesu.
In der _____ feiern wir die Auferstehung Jesu.
Die Osterzeit beginnt mit dem _____. Sie umfasst fünfzig Tage und schließt mit dem _____. Zehn Tage vor Pfingsten wird das Fest _____ gefeiert.

- *Ordne die Bilder den entsprechenden Tagen zu!*

5. Kirche am Ort: eine Gemeinschaft und ihre Geschichte

Lernziele:

Menschen kennen lernen, die in der Pfarrgemeinde tätig sind
Das Interesse für die Gemeinde wecken und stärken
Das Kirchengebäude als sichtbaren Mittelpunkt der Gemeinde begreifen
Einen Einblick in die Geschichte der Gemeinde gewinnen
Sinn für wichtige Feste und Formen des Brauchtums entwickeln
Angemessene Haltungen und Verhaltensweisen akzeptieren und umsetzen

5. Kirche am Ort: eine Gemeinschaft und ihre Geschichte

5.1 Die Pfarrgemeinde erkunden

Personen, die in der Pfarrgemeinde tätig sind, erzählen
Wer bin ich? (Domino)
Kirche am Ort: Gruppen und Dienste in unserer Gemeinde
Treffpunkt Pfarrgemeinde
Die Menschen in unserer Pfarrgemeinde – Visitenkarte
Pfarrbrief
Personen unserer Pfarrgemeinde
Gruppen und Dienste unserer Pfarrgemeinde

5.2 Ein Gotteshaus in unserer Nähe: Raum für Gott und die Menschen

Kennst du deine Kirche?
Kirchliche Gebäude
Gotteshäuser aus Romanik, Gotik, Barock und der Gegenwart
Liturgische Gegenstände
Liturgisches Quiz
Kirche als Ort der Sammlung
Wie soll man sich in der Kirche verhalten?

5.3 Wichtige Daten und Ereignisse aus der Geschichte unserer Heimatgemeinde

… – ein wichtiges Fest in unserer Gemeinde

Personen, die in der Pfarrgemeinde tätig sind, erzählen

Herr Weber, Mitglied im Pfarrgemeinderat:

„Als Mitglied des Pfarrgemeinderates versuche ich immer, die Gemeinschaft zu pflegen, indem ich mich an vielen verschiedenen Aktionen der Gemeinde beteilige. Wir wollen für alle Gruppierungen und Einzelpersonen Angebote machen, in die sich alle, die sich angesprochen fühlen, einbringen können. Wir wollen Möglichkeiten der Begegnung schaffen, wir wollen Gesprächsmöglichkeiten bieten, miteinander feiern und miteinander beten. Bei uns sind alle Menschen herzlich willkommen, gleich welche Vorstellungen und Eigenschaften sie haben.

In Absprache mit dem Pfarrer und der Gemeindereferentin organisieren die Mitglieder des Pfarrgemeinderats Veranstaltungen für die Gemeindebürger wie z. B. Kindergottesdienste, Altennachmittage, Kommunionvorbereitungen, offene Treffs für Jugendliche usw."

Maria, Ministrantin:

„Als ich mich als Ministrantin gemeldet habe, war ich noch etwas unsicher, was da wohl alles auf mich zukommt. Mittlerweile bin ich zwei Jahre dabei und es macht mir Spaß, in und für die Kirche da zu sein. Es ist ein schönes Gefühl, mit dem Pfarrer und allen Leuten, die gekommen sind, die heilige Messe zu feiern. An den großen Festtagen wie an Ostern und Weihnachten, wenn die Kirche ganz voll ist, macht es besonders Spaß. Am zeitigsten bin ich in der Osternacht in der Kirche. An diesem Tag muss ich bereits um drei Uhr in der Sakristei sein, um alles vorzubereiten.

Traurig ist immer das Mitwirken bei einer Beerdigung. Hier ist mir oft selber zum Weinen, wenn ich sehe, wie die Angehörigen von einer geliebten Person Abschied nehmen müssen.

Das ganze Jahr über freue ich mich auf den Ministranten-Ausflug. Wir fahren gemeinsam mit einigen Mitgliedern des Pfarrgemeinderats ein ganzes Wochenende lang in die Berge und verbringen wunderschöne Tage auf einer Hütte. Im Sommer machen wir immer ein Fußballspiel gegen die Ministranten der Nachbargemeinde. Ich hoffe, dass wir in diesem Jahr wieder gewinnen."

● *Kennst du die Mitglieder deiner Pfarrgemeinde? Erkundige dich und berichte über eine Person!*

Wer bin ich? (Domino)

Jugendleiter	• predigt am Sonntag • feiert die hl. Messe • leitet die Gemeinde		Pfarrer	• von der Gemeinde gewählt • trägt Mitverantwortung für die Gemeinde • Berater
Mitglied im Kirchengemeinderat	• hilft bei der Messe • trägt Leuchter • steht am Altar		Ministrant Ministrantin	• hält Katechese • betreut Kindergruppen • Hauptamtliche Mitarbeiterin
Gemeindereferentin	• bereitet auf die Erstkommunion vor • hält Katechese mit Kindern • ist ehrenamtlich tätig		Vikar	• unterrichtet Religion • arbeitet in der Schule • kennt sich im Glauben aus
Religionslehrer Religionslehrerin	• läutet die Glocken • zündet die Kerzen an • schließt die Kirche zu		Mesner	• kümmert sich um ältere Menschen • organisiert Ausflüge für Senioren • leitet Seniorentreffs
Organist	• leitet eine Jugendgruppe • bereitet Jugendgottesdienste mit vor • plant Jugendfreizeit		Firmkatechet	• spielt die Orgel • sucht Lieder aus • begleitet die Lieder beim Gottesdienst
Altenkreisleiterin	• hält Gruppenstunden • bereitet andere auf die Firmung vor • ehrenamtlicher Mitarbeiter in der Gemeinde		Kommuniongruppenleiter/in	• Mitarbeiter des Pfarrers • feiert die hl. Messe • (meist) ein junger Priester
	•			•

Kirche am Ort: Gruppen und Dienste in unserer Gemeinde

Karin (17), ein Mitglied der Pfarrjugend, berichtet:

„Wir sind eine Gruppe von ca. 40 Kindern im Alter zwischen 9 und 18 Jahren. Einmal in der Woche treffen wir uns im Pfarrheim zu gemeinsamen Gruppenstunden. Dort wird gespielt, gebastelt, diskutiert, geplaudert, Hobbys besprochen, Computer gespielt und Sport getrieben.

Im Laufe des Jahres finden auch verschiedene Veranstaltungen statt:

An Gruppenwochenenden unternehmen wir z. B. eine Fahrt nach München, sehen uns ein Fußballspiel an und gehen anschließend mit unserem Jugendleiter in die Stadt. Zu einer gemeinsamen Weihnachtsfeier tragen alle bei: Wir backen Plätzchen, schmücken den Gruppenraum, laden unsere Eltern ein und gestalten – musikalisch gestaltet von einigen von uns, die ein Instrument spielen können – eine wunderschöne Weihnachtsfeier.

In den Pfingstferien fahren wir in unser schon traditionelles Pfingstzeltlager. Hier bleiben wir eine Woche lang und unternehmen Wanderungen, spielen Fußball und Volleyball, baden im nahe gelegenen Baggersee und treffen uns abends beim Lagerfeuer. Besonders die Nächte sind für alle Kinder ein unvergessenes Erlebnis."

Frau Palzer, ein Mitglied im Kirchenchor, berichtet:

„Ich bin schon seit mehr als zehn Jahren Mitglied in unserem Kirchenchor. Jeden Montag Abend treffen wir uns zur Probe. Unser Dirigent bespricht mit uns die Lieder, die wir gemeinsam erarbeiten, schreibt die Noten für die einzelnen Singstimmen und übt die Lieder mit uns ein. Natürlich proben wir nicht nur für uns selber, sondern begleiten die Heilige Messe mit unserem Gesang.

In der Weihnachtszeit geben wir jedes Jahr in der Gemeindehalle einen Konzertabend. Hier ist die Gemeindehalle immer ausverkauft und auch Vertreter der örtlichen Presse sind anwesend. Ein solcher Auftritt ist immer ein großartiges Erlebnis, das ich um nichts in der Welt missen möchte."

Treffpunkt Pfarrgemeinde

- 1. Lies die Begriffe durch! Welche sind dir nicht bekannt?
- 2. Male alle Tätigkeiten, an denen du dich schon einmal beteiligt hast, blau an!
- 3. Fehlen deiner Meinung noch Dienste, die in der Pfarrgemeinde geleistet werden. Schreibe sie noch dazu!
- 4. Sollte die Pfarrgemeinde noch andere Dienste anbieten? Schreibe sie dazu!
- 5. Welche dieser Aufgaben sind deiner Meinung nach die wichtigsten! Umrahme sie rot!

- Taufe
- Hausbesuche
- Lektorendienst
- Jugendmesse
- Jugendgruppen
- Krankenbesuche
- Kirchenchor
- Altenclub
- Pfarrbücherei
- Bibelkreis
- Beichten
- Beerdigen
- Caritas
- Pfarrfest
- Hochzeit
- Krippenspiel
- Gottesdienst

Die Menschen in unserer Pfarrgemeinde – Visitenkarte

Bemühe dich um einen Gesprächstermin mit einer Person, die in deiner Pfarrgemeinde in irgendeiner Art und Weise mitarbeitet. Besuche sie, frage sie, ob du evtl. einige Fotos machen darfst und führe ein Interview. Die folgende Visitenkarte kann dir dabei helfen:

Name: _____

Beruf: _____

Welche Aufgabe haben Sie in der Pfarrgemeinde?

_____

_____

_____

_____

Welches Motto (Bild, Sprichwort, Symbol) würden Sie für sich und Ihre Aufgabe wählen?

Wie lange sind Sie schon in der Pfarrgemeinde tätig?

_____

_____

Wie lange wollen Sie noch in der Pfarrgemeinde mitwirken?

_____

_____

Was war Ihr schönstes Erlebnis bei Ihrer Arbeit in der Pfarrgemeinde?

_____

_____

Welches Fest im Kirchenjahr mögen Sie am liebsten? Warum?

_____

Pfarrbrief – Auswertung (Lehrerinformation)

Die Schüler schreiben verschiedene Angebote und Veranstaltungen der Pfarrgemeinde, die im Pfarrbrief aufgeführt sind, auf einzelne Wortkarten. Dabei können auch Pfarrbriefe anderer Gemeinden verwendet werden. Auf diese Weise kommt eine ganze Palette von Aktivitäten – vom Pfarrgottesdienst über den Seniorennachmittag bis hin zum Kirchenkonzert – zum Vorschein. Bekannte Begriffe (z. B. „Hochzeit") könnten auf farbige Kärtchen, unbekannte Begriffe auf weiße Kärtchen geschrieben werden. Anschließend stellen die Schüler die Begriffe vor und heften diese an die Tafel. Nachdem die unbekannten Begriffe geklärt wurden, wird gemeinsam versucht, die Wortkarten zu Gruppen zu ordnen (z. B. Gottesdienste, Brauchtum, Bildung, Freizeitgestaltung, Hilfsdienste, Vereinsleben …).

Gottesdienstordnung
10 / 2000 · 05.03.–12.03.2000

5. März 2000 — FASCHINGSSONNTAG 2000 „DAS NARRENSCHIFF"
9. SONNTAG IM JAHRESKREIS

Sonntag		10.00	Pfarrgottesdienst mit Büttenpredigt „Die 7 Bitten für das Jahr 2000", musikalisch gestaltet von MESSAGE anschließend Krankenkommunion und Frühschoppen
Montag	6.3.	9.00	Gymnastik für Jung und Alt
		17.00	Gebetskreis
Dienstag	7.3.	9.00	Messfeier
		9.30	Frauentreff im Haus der Begegnung
		17.00	Gebetskreis

Büro heute geschlossen!

8. März 2000 ■ ASCHERMITTWOCH

		8.00	Schulgottesdienst des Olympia-Morata-Gymnasiums
		17.00	Gebetskreis
		20.00	Wortgottesdienst „Ein Gnadenjahr des Herrn" mit Auflegung des Aschenkreuzes ■
Donnerstag	9.3.	12.00	Gemeinsamer Mittagstisch *Restaurant Löwenzahn* •
		17.00	Gebetskreis
Freitag	10.3.	17.00	Gebetskreis
		20.00	„Bibel & Erfahrung" zu Lk 17, 20.21 (Kolpinghaus-Kapelle)
Samstag	11.3.	18.30	Vorabendgottesdienst

12. März 2000 — HEUTE 14.00 UHR IN DREIEINIGKEIT: EINFÜHRUNG VON PFR. EVA LOOS
ERSTER FASTENSONNTAG

Sonntag		10.00	Pfarrgottesdienst anschließend Krankenkommunion und Frühschoppen
		17.00	Konzert Kollegium Musikum

Wort zur Woche: Zwei Dinge werden einem Bischof nie vorgesetzt: Schlechtes Essen und die Wahrheit.

OFFENER BRIEF AN DIE GEMEINDE
Einen Hirtenbrief besonderer Art haben wir diesem Mach Mit beigelegt. Wir sind auf die Reaktionen, vor allem auf die Konsequenzen gespannt, die dieses Schreiben zum „Jubeljahr der Kirche" auslösen wird.

SCHWERPUNKT ASCHERMITTWOCH
Der Beginn der Fastenzeit soll für unsere Gemeinde zu einem Lostag (Termin von visionärer Bedeutung) werden. Deswegen sind alle Gruppen von St. Michael, auch Kommunionkinder und Firmbewerber wie deren Eltern, zu dem symbolträchtigen Gottesdienst eingeladen, der um 20.00 Uhr beginnt. Im Feuer vor dem Altar soll die Schuld der Kirche verbrennen und jede Exkommunikation gelöst werden, damit die fünffache Botschaft Jesu aufleuchten kann. Mit der Asche aus diesem Feuer werden wir am Schluss der Feier gesegnet.

KINDER-FRÜHSCHOPPEN
Heute starten wir mit dem Kinder-Socken-Frühschoppen. Im Kindergarten stehen Spiele bereit. Es besteht Sockenpflicht (sind bereitgestellt). Der Frühschoppen der Großen findet heute sowohl im Clubraum als auch im Saal statt.

UNTERWEGS
in Hamburg ist unsere Band Funtasy vom 31. Mai bis 03. Juni 2000. Sie wird beim dortigen Katholikentag einige Veranstaltungen musikalisch mitgestalten. Es besteht die Möglichkeit, die sechs Musiker im „Tourbus" zu begleiten. Neben einem bunten Rahmenprogramm steht vor allem das gegenseitige Kennenlernen und die Begegnung im Vordergrund. Nähere Infos dazu, wir haben noch ein gutes Dutzend freie Plätze, gibt es unter der Telefonnummer (09 71) 7 85 23 77

ÜBERKLEBETEXTE
für das Gotteslob zum „frauenfreundlichen" Mitsingen gibt es im Büro für die Normal- wie für die Großdruckausgabe für eine Mark.

KLEINE TYRANNEN
Niedliche, harmlos aussehende kleine Geschöpfe entpuppen sich als erbarmungslose Nervensägen, die keine Gelegenheit auslassen, ihre Eltern zu drangsalieren und zu schikanieren. Mit solchen und ähnlichen Themen beschäftigt sich die Diplom-Psychologin Irina Prekop, die wir für einen Abend in St. Michael unter dem Thema „Mut zu Liebe und Bindung" gewinnen konnten. Termin bitte jetzt schon vormerken: Samstag, 15. April, 19.30 Uhr, Saal. Karten ab sofort im Vorverkauf für 3,– DM, Paare: 5,– DM.

SEMINAR FÜR BRAUTLEUTE
Für Trauungswillige gibt es drei Wochenendangebote, die im Gemeindesaal von St. Michael stattfinden: 17. und 18. März; 19. und 20. Mai; 23. und 24. Juni 2000. Beide Abende gehören zusammen; Anmeldung nicht nötig. Ergänzt werden in diesem Jahr die Wochenenden durch einen Sondervortrag von Diplom-Psychologin Irina Prekop am Samstag, 15. April, 19.30 Uhr ebenfalls in St. Michael. Ihr Thema wendet sich auch an die Paare der Brautleutetage.

NEUE CDs
Unsere Veranstaltung „Musik & Poesie" mit Texten aus „Aus Träumen geboren" und mit Stefan Philipps (Gesang und Gitarre) liegt jetzt brandneu für 25,- DM vor. Für 20 Mark gibt es bei uns, ebenfalls ganz neu, „Licht gegen Dunkelheit – Lieder, die Brücken bauen" mit Stefan und Tilman Philipps. Mit beiden CDs lässt sich gezielt Freude verschenken. Der Reinerlös geht an die Brücke.

Personen unserer Pfarrgemeinde

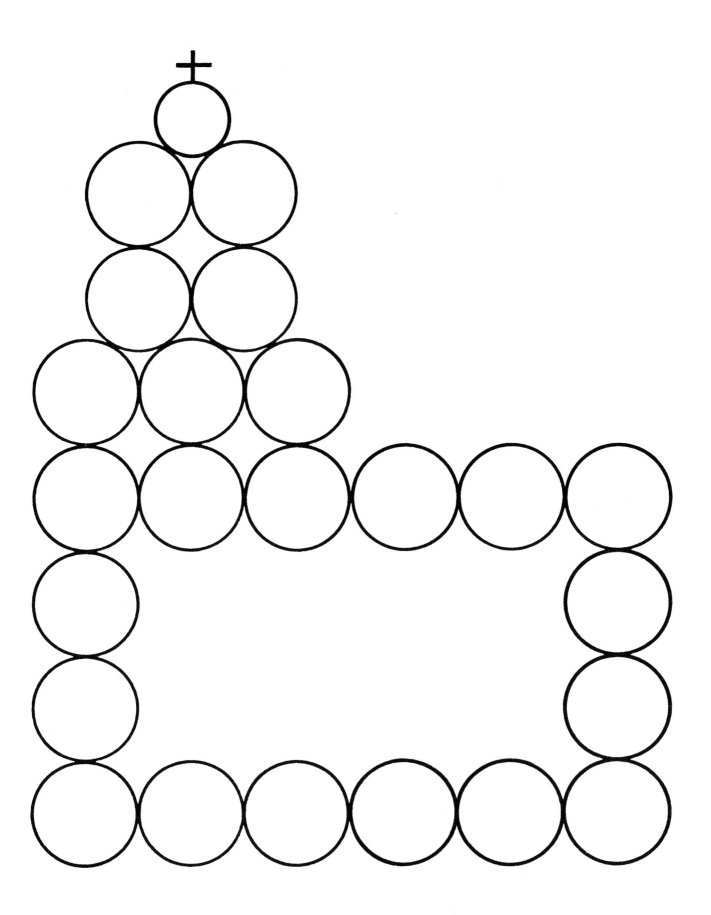

Gruppen und Dienste in unserer Pfarrgemeinde

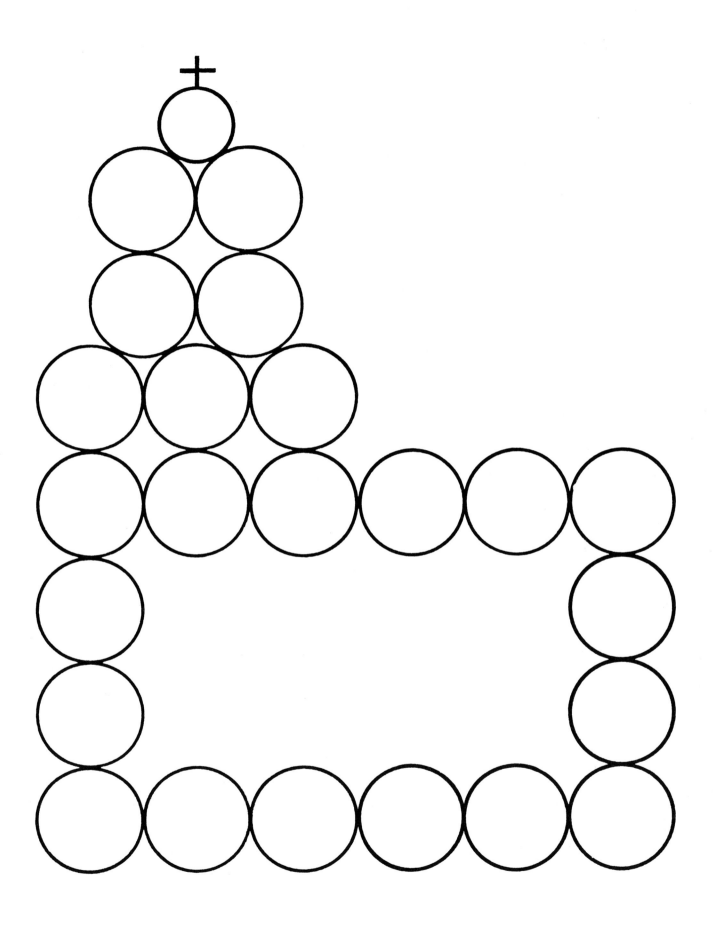

Kennst du deine Kirche?

Kannst du aus dem Kopf den Turm deiner Kirche malen, weißt du, wie viele Menschen Platz finden, kannst du den Altar beschreiben?
Nein? Dann ist wohl ein Unterrichtsgang in die Kirche fällig. Hier kannst du „Kirchenrallye" spielen!

Kirchenrallye

in der (Name der Kirche, Ort) _____

1. Worauf geht der Name eurer Kirche zurück?
2. Wie viele Menschen finden in der Kirche Platz? Male die Anordnung der Sitzplätze!
3. Wann wurde die Kirche gebaut? Stand an der gleichen Stelle vorher schon eine Kirche? In welchem Baustil ist die Kirche erbaut? Wer war der Architekt?
4. Wie sieht die Kirche von innen aus? Ist sie quadratisch oder langgestreckt? Gibt es Seitenflügel oder Nebenräume? Versuche einen Grundriss der Kirche zu zeichnen.
5. Gibt es in der Kirche eine Orgel? Wie viele Orgelpfeifen hat sie? Wie alt ist sie? Wer spielt sie meistens?
6. Hat deine Kirche einen Glockenturm? Kann man zu den Glocken hinaufklettern? Was kannst du über die Glocken berichten?
7. Wo ist in deiner Kirche die Sakristei? Welche Gegenstände befinden sich in ihr?
8. Wie viele Darstellungen von Jesus (Kreuze und Bilder) gibt es in der Kirche?
9. Welche Heiligen sind in der Kirche dargestellt? Haben sie eine engere Verbindung zu deiner Pfarrgemeinde? Gibt es ein Fest deiner Gemeinde zu Ehren eines Heiligen?
10. Wo steht in deiner Kirche das Taufbecken?
11. Gibt es in deiner Kirche besondere Bilder, Mosaike, Kunstwerke oder sonstige Besonderheiten?

Kirchliche Gebäude

Die Kirche als Haus

Wenn wir durch unser Land fahren, sind überall in Dörfern und Städten die Kirchen unübersehbar. Sie geben bis heute unserem Land das Gepräge. Seit weit über tausend Jahren sind bei uns immer wieder Kirchen gebaut worden; sie sind Zeugen vom Glauben früherer Geschlechter.
Die ersten Christen hatten noch keine Kirchen, wie wir sie heute kennen. Sie trafen sich meistens am Sonntag in einem Privathaus zum Gottesdienst. Nach und nach wuchs die Zahl der Christen. Da wurden die Hallen der Privathäuser zu klein. Man baute größere Hallen.
Nach den römischen Christenverfolgungen, die Kaiser Konstantin 313 beendete, entstanden viele Kirchen nach dem Vorbild der römischen Basilika. Die Basilika war bei den Römern zunächst Markthalle, dann Prachtbau, in dem der König oder der Kaiser seine Empfänge gab. Später wird damit die christliche Kirche bezeichnet.

Romanik

Im frühen Mittelalter, etwa von 1000 bis 1230, entstanden die romanischen Kirchen in unserem Land. Die Bauten zeigen eine burgähnliche Festigkeit. Kennzeichnend sind vor allem der Rundbogen, die Wölbungen und die mächtigen Pfeiler. Die gewaltigen Säulen und die festen Wölbungen wirken aber nicht bedrückend auf den Kirchenbesucher. Von den Kirchen geht eine große Ruhe aus.

Basilika in Altenstadt bei Schongau

Dom zu Würzburg

Informationsblatt 1

Kirchliche Gebäude

Gotik

Im hohen und späten Mittelalter, etwa von 1250 bis 1450, wurde die Romanik abgelöst vom himmelwärtsstrebenden gotischen Stil. Kennzeichnend sind Spitzbogen, Kreuzrippengewölbe und die sich nach oben stark verjüngenden Türme. Im Innern weisen die senkrechten Linien in große Höhen. Der Bau scheint sich vom Boden lösen zu wollen. Durch die Farbfenster erhält der Raum ein geheimnisvolles Licht.

Sebalduskirche Nürnberg

Dominikanerkirche Regensburg

Dom zu Regensburg

Informationsblatt 2

Kirchliche Gebäude

Barock

Nach dem Dreißigjährigen Krieg kam es in unserem Land zu einer neuen Blüte des Kirchenbaus. Jetzt baute man im Barockstil, etwa von 1650 bis 1775. Die Kirchen sind licht und weit. Sie sind reich verziert und ausgemalt (Repräsentationskunst). Die Deckengemälde erwecken den Eindruck, als schaue man in einen unendlichen Himmel. Alle senkrechten und waagrechten Linien werden geschwungen. Große Baumeister wie Balthasar Neumann und Dominikus Zimmermann hinterließen unschätzbare Werke.

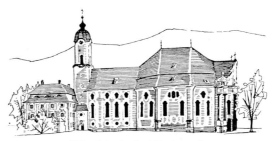

Wieskirche bei Steingaden

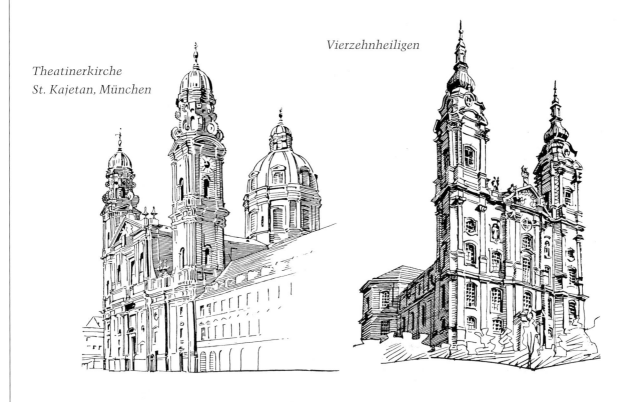

Theatinerkirche St. Kajetan, München

Vierzehnheiligen

Informationsblatt 3

Kirchliche Gebäude

Gegenwart

Nie zuvor sind in Deutschland so viele Kirchen gebaut worden wie in der Zeit nach dem 2. Weltkrieg. Neue Baustoffe und Konstruktionsmöglichkeiten führten zu einem Bruch mit früheren Stilen. Ein besonderes Merkmal des zeitgenössischen Kirchenbaus ist, dass vor allem der Altar deutlich hervortritt, damit die feiernde Gemeinde sich aktiv am Gottesdienst beteiligen kann.

Informationsblatt 4

Gotteshäuser aus Romanik, Gotik, Barock und Gegenwart

_____

_____
_____
_____

_____

_____
_____
_____

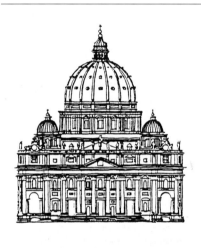

_____

_____
_____
_____

_____

_____
_____
_____

Liturgische Gegenstände

Wenn wir eine Kirche betreten, so fällt uns vielleicht bei der Eingangshalle oder in einer Seitenkapelle der **Taufstein** (1) auf. Er enthält das Becken, über dem ein Täufling das Sakrament der Taufe empfängt.

Oft stehen an den Seiten der Kirche die **Beichtstühle** (2), in denen das Sakrament der Buße empfangen wird.

Im Blickfeld der Gläubigen steht der **Altar** (3). Er ist der Tisch, auf dem die Eucharistie, das Mahl der Christen, bereitet und das Opfer Christi vergegenwärtigt wird. Der Altar gilt als Sinnbild Christi. Auf ihm stehen Kerzen; auf ihm liegt oder über ihm hängt das **Kreuz** (4).

Oft ist mit dem Altar der **Tabernakel** (5) verbunden. In ihm wird das Ciborium aufbewahrt, der Speisekelch und die Speisepatene, die das Allerheiligste enthalten, die Hostien, Christus in Brotgestalt.

Das lateinische Wort Tabernakel heißt Zelt oder kleines Haus. Das erinnert an das heilige Zelt der wandernden Israeliten. Die gläubigen Katholiken beten Christus in der Eucharistie und im Tabernakel an. Als Sinnbild und Aufforderung dazu brennt vor dem Tabernakel das **Ewige Licht** (6), eine rote Öllampe.

Manchmal wird die heilige Hostie auch in der **Monstranz** (7) gezeigt. Bei der Fronleichnamsprozession geleiten die Gläubigen den Herrn in der Monstranz durch ihre Straßen.

Auf dem Altar wird den Christen die heilige Speise bereitet: Das Brot wird auf der **Patene** (8), der Wein im **Kelch** (9) auf den Altar gebracht.

Die Gebete der heiligen Messe werden aus dem **Messbuch** (10) gelesen; Epistel und Evangelium aus dem **Lektionar** (11), dem Buch der Lesungen.

Die Lesungen werden meist vom Ambo (Lesepult) aus vorgetragen; dort wird auch gepredigt, wenn der Priester nicht dazu auf die Kanzlei steigt.

Die Priester und Ordensleute sollen betende Menschen sein. Die Kirche gibt ihnen darum ein eigenes Gebetbuch, das **Brevier** (12). In ihnen stehen für die täglichen Gebetszeiten Hymnen, Psalmen und Lesungen.

1

2

Informationsblatt 1

Liturgische Gegenstände

3

4

5

6

Informationsblatt 2

Liturgische Gegenstände

7

10

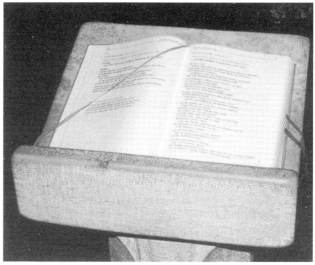

11

8/9

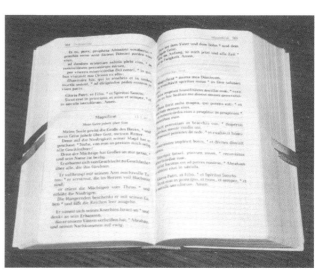

12

Informationsblatt 2

Liturgisches Quiz

- Ein gottesdienstliches Gefäß, in dem hinter Glas die Hostie zur Verehrung gezeigt wird.
- In ihm wird der Kelch oder die Patene aufbewahrt.
- Buch der Lesungen
- Brennt vor dem Tabernakel
- Eine flache Schale für die Hostie
- Hier sind die Gebete der heiligen Messe enthalten
- Über ihm empfängt ein Kind das Sakrament der Taufe
- Gebetbuch der Priester
- Der Wein wird in ihm auf den Altar gebracht
- Von dort werden die Lesungen vorgetragen
- Vorn, im Blickfeld der Gläubigen
- Von dort aus predigte früher der Pfarrer
- Oft an den Seiten der Kirche zu finden

Monstranz, Tabernakel, Lektionar, ewiges Licht, Patene, Messbuch, Taufbecken, Brevier, Kelch, Lesepult, Altar, Kanzel, Beichtstuhl

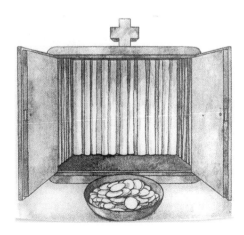  

Kirche als Ort der Sammlung

Jeder von uns hat eigene Erfahrungen mit der Kirche. Folgende Fragen helfen, sie etwas deutlicher herauszustellen!

- Wann hast du zuletzt an einem Gottesdienst teilgenommen?

- Nenne familiäre Anlässe, die in der Kirche begangen werden!

- Warst du schon einmal allein in der Kirche? Wann? Warum?

- Hast du schon einmal eine Kirche besucht, um sie dir „nur anzusehen"? Wo? Mit wem? Hat es dir gefallen?

- Hast du in einer Kirche schon einmal ein Kirchenkonzert, ein Krippenspiel o. Ä. miterlebt? Wie hat es dir gefallen?

Wie soll man sich in der Kirche verhalten?

Die Kirche ist ein Ort der Sammlung, des Gebets, der Gemeinschaft und des Feierns. Hier finden Gottesdienste statt, hier beten Menschen, allein oder gemeinsam, hier suchen Menschen Trost, hier wollen Menschen alleine sein, hier finden Menschen Ruhe. In der Kirche werden wir getauft, hier feiern wir die Erstkommunion, Firmung und Trauung, silberne bzw. goldene Hochzeit. Hier trauern wir um Verstorbene und beten für sie.

An einem solchen Ort, der Menschen in ihrem Innersten bewegt, sind auch bestimmte Haltungen und Verhaltensweisen angebracht.

- *Schreibe einige Vorschläge auf, wie man sich in der Kirche verhalten soll!*

_____
_____
_____
_____
_____

Wichtige Daten und Ereignisse aus der Geschichte unserer Heimatgemeinde

Den Weg durch unseren Ort sind wir gewohnt. Wir übersehen häufig Dinge, mit denen wir nicht unmittelbar zu tun haben. Wenn wir aber genauer hinsehen, entdecken wir oft Spuren vergangener Zeiten, die unsere Vorfahren in den Straßen und Gassen, auf Brücken oder am Wegesrand als Zeichen ihres christlichen Glaubens angebracht haben.

- *Gibt es in deiner Heimatgemeinde eine Kapelle oder ein Kloster? Wo liegen sie? Wie heißen sie?*
- *Zeichne den Standort von Feldkreuzen, von Figuren, Symbolen oder Inschriften in den Ortsplan deiner Gemeinde ein! Welche Flur- oder Straßennamen haben christlichen Ursprung?*

- *Auf der folgenden Seite findest du ein Kalenderblatt für einen Klassenkalender. Zeichnet Bilder der Festtage eurer Gemeinde, Bilder deiner Kirche usw. und erstellt einen Jahreskalender! Kennzeichne die Sonn- und Feiertage mit roter Farbe!*

1 2 3 4 5 6 7 8 9 10
11 12 13 14 15 16 17 18 19 20
21 22 23 24 25 26 27 28 29 30
31

... – ein wichtiges Fest in unserer Gemeinde

Klebe hier ein Foto von dem Fest ein,
das du gewählt hast, oder male es!

- Wie lange wird das Fest schon gefeiert?
_____

Anlass:
_____
_____
_____

Ablauf:
_____
_____
_____
_____

6. Menschen in Not: Begegnung kann verändern

Lernziele:

An Beispielen die Nöte von Kindern und Erwachsenen erkennen
Auf die Ursachen aufmerksam werden
Die Vorliebe Jesu für Not leidende Menschen kennen lernen
Bereitschaft wecken, selber aktiv zu werden und an Projekten oder Aktionen mitzuwirken.

Trotz Explosionsgefahr versuchte Bernhard Gruner zu löschen

Der helle Kleinwagen ist von dem Lastwagen überrollt worden und brennt. Im Auto eingeklemmt: ein Junge

30 Minuten in der Hölle

Weil ein Münchner die Nerven behielt, konnte ein Sechsjähriger aus einem brennenden Autowrack gerettet werden

München-Giesing, 25. November. Ein Elftonner gerät außer Kontrolle, walzt einen Ford Fiesta platt. Claudia K., 30, ist sofort tot, ihr sechsjähriger Sohn Jonathan, im Wrack eingeklemmt, schreit vor Schmerz. Flammen schlagen aus dem Tank. Maschinenbautechniker Bernhard Gruner, 34, gerade auf dem Nachhauseweg, tritt auf die Bremse, rennt zur Unfallstelle. Er versucht zu löschen, umwickelt den Jungen mit seinem feuerfesten Arbeitszeug. „Hab keine Angst", tröstet er den Kleinen und besprüht ihn immer wieder mit Wasser. Jonathan weint. „Es ist so furchtbar warm."
Dass das Wrack jeden Moment explodieren könnte, bemerkt Gruner nicht. Nach 30 schrecklichen Minuten ist Jonathan endlich frei. Er lebt. Bernhard Gruner: „Ich bin kein Held."

6. Menschen in Not: Begegnung kann verändern

6.1 Bedrückende Tatsachen: Not hat viele Gesichter

Not in der Welt
Not in unserer Umgebung

6.2 Nicht wegschauen, sondern helfen

Wir basteln bunte Freundschaftsbänder
Der barmherzige Samariter
Jesus erzählt vom Weltgericht
Die Werke der Nächstenliebe im übertragenen Sinn
Jesus fordert uns auf zu helfen

6.3 Was wir tun können: kleine Schritte zum Mitmachen

Was wir tun können: Hilfe in der Welt
Die Rechte des Kindes
Kirchliche Hilfsaktionen
Was wir tun können: Hilfe in unserer Umgebung
Test: Meine Einstellung zu Fremden
Menschen in Not: Was können wir tun?

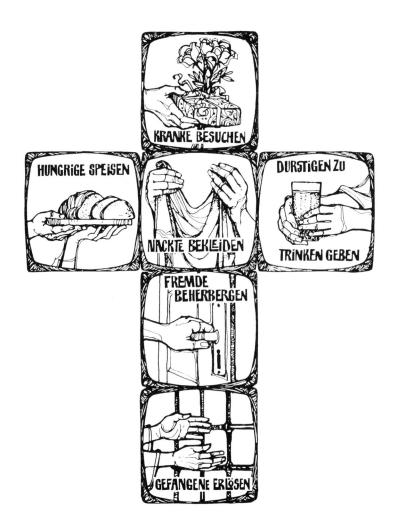

Not in der Welt

„Zweifelhafte Einmischung in russische Politik" Tschetschenische Familie auf der Flucht nach Georgien

Irak: Kinder als Opfer des Krieges

Minenopfer

HELFEN, Leben retten und Zukunft schaffen: durch unsere Orthopädiehilfe für Kriegs- und Minenopfer in Angola!

Not in unserer Umgebung

Kleinkind verhungerte
Anklage gegen Eltern erhoben

Nürnberg. Wegen des Hungertods seiner elf Monate alten Tochter muss sich ein Elternpaar demnächst vor dem Landgericht Nürnberg verantworten.

Die Staatsanwaltschaft habe gegen das Ehepaar aus Neumarkt/Oberpfalz Anklage erhoben, berichtete das Landgericht. Der 20 Jahre alten Verkäuferin und ihrem 27 Jahre alten Mann werde Totschlag durch Unterlassen vorgeworfen. Das Ehepaar habe durch Nachlässigkeit den Tod seiner Tochter verschuldet. Die damals 19-jährige Mutter hatte das Mädchen im April vergangenen Jahres in ein Krankenhaus gebracht, kurz darauf starb die Kleine an Unterernährung und Austrocknung. Zum Zeitpunkt des Todes wog das Kind nur etwa halb so viel wie gleichaltrige Kinder.

Nach polizeilichen Erkenntnissen lebte das Ehepaar in einer verwahrlosten Wohnung. In Vernehmungen hatten die Eltern ihre Schuld bestritten. Nach Ansicht der Staatsanwaltschaft hatten sie sich zu wenig um die Ernährung des Kindes gekümmert.

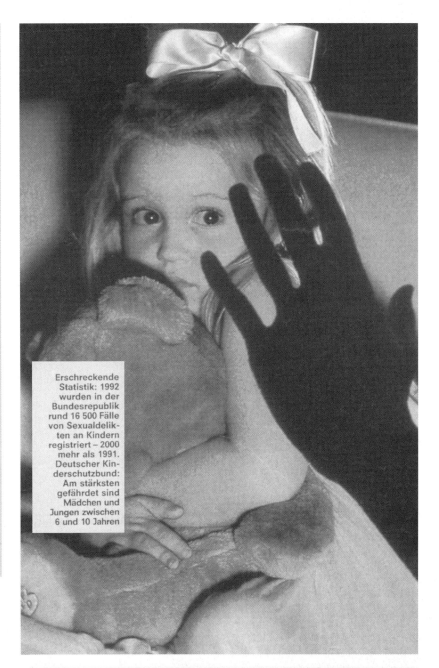

Erschreckende Statistik: 1992 wurden in der Bundesrepublik rund 16 500 Fälle von Sexualdelikten an Kindern registriert – 2000 mehr als 1991. Deutscher Kinderschutzbund: Am stärksten gefährdet sind Mädchen und Jungen zwischen 6 und 10 Jahren

Schlechte Noten: Bub nimmt sich das Leben

New York (dpa). Aus Verzweiflung über Schulprobleme hat sich in New York ein zehnjähriger Bub das Leben genommen. In einem Abschiedsbrief habe der kleine Anthony um Verzeihung für den Ärger gebeten, den er seinen Eltern durch schlechte Noten bereitet habe. Das berichtete am Donnerstag die Zeitung *New York Post*. Der afro-amerikanische junge Bub habe sich in seinem Kinderzimmer im Stadtteil Bronx aufgehängt. Kurz zuvor hatte er noch eine Auseinandersetzung mit der Mutter über Probleme bei den Hausaufgaben.

Durch intensives Training mit dem weißen Stock lernen Blinde, Hindernisse zu „hören".

Nicht wegschauen, sondern helfen

- *Die folgenden Berichte und Bilder weisen auf Situationen hin, in denen du helfen könntest. Was kannst du tun, was würdest du tun?*

Polizei-Report

13-Jährige verletzt Mitschüler mit Zigarette

Ein 13-jähriges Mädchen hat in Rain einen gleichaltrigen Mitschüler verprügelt. Es verletzte ihn mit einer brennenden Zigarette an der Hand und rammte ihm das Knie in den Unterleib, teilt die Polizei mit. Schließlich nahm das Mädchen seinem Kontrahenten auch noch ein Schokoladen-Überraschungsei ab und warf es weg. Die Polizei ermittelt nun wegen Körperverletzung. Zwar ist das Kind noch nicht strafmündig, doch werde auf jeden Fall ein Bericht an das Jugendamt geschickt, so ein Sprecher.

Für die Männer der Skiwacht ist jetzt Hochsaison: Doch nicht immer sind sie gleich am Unfallort.

Wir basteln

Anleitung:

1. Du brauchst vier verschiedenfarbige Bänder (A, B, C, D) von jeweils 80 cm Länge.

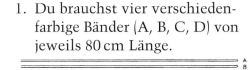

2. Binde die Bänder etwa 13 cm unterhalb des oberen Endes zusammen.

3. Zunächst klebst du die kurzen Enden der Stränge mit einem Stück Tesafilm auf eine Tischplatte. **Beim Anfertigen der Spirale musst du immer mit dem linken Strang knüpfen!**

4. Lege die farbigen Bänder so nebeneinander: A, B, C, D. Beginne auf der linken Seite mit A und halte B, C und D mit der anderen Hand zu einem Strang (BCD) zusammen.

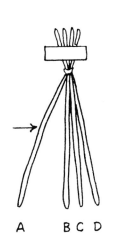

Nun knüpfe mit A den Grundknoten: Lege A über die anderen drei Stränge (BCD), dann wieder unter ihnen zurück und – wie rechts gezeigt – zwischen A und BCD hindurch über A nach oben. Halte BCD mit der rechten Hand gut fest, während du mit deiner linken Hand A fest nach oben ziehst.

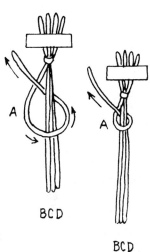

Fahre auf diese Weise mit A fort, bis du ein geknüpftes Stück Schnur von etwa 4 cm Länge hast. **Achte darauf, dass die Knoten alle dicht untereinander sitzen, und ziehe A nach jedem Knoten fest nach oben.**

5. Als nächstes nimmst du eine andere Farbe: B. Halte A, C und D mit der anderen Hand zu einem Strang (ACD) zusammen.

Nun knüpfe mit B den Grundknoten: Lege B über die anderen drei Stränge (ACD), dann wieder unter ihnen zurück und zwischen B und ACD hindurch über B nach oben. Ziehe B nach jedem Knoten fest nach oben. Fahre auf diese Weise mit B fort, bis du wieder 4 cm geknüpft hast.

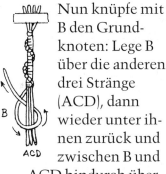

Danach knüpfst du mit Strang C weitere 4 cm um ABD herum und zum Schluss mit Strang D 4 cm um ABC herum.

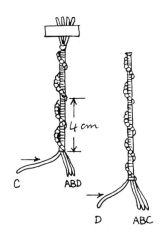

6. Nun knotest du die losen Enden zu einem festen Knoten zusammen.

7. Um das Armband zu schließen, knüpfst du einen Kreuzknoten.

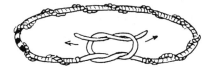

Aus: Margaret A. Hartelius, Bunte Freundschaftsbänder. Mach + Sachbuch, Ravensburg: Otto Mayer Verlag 1995

Der barmherzige Samariter

Mit seinen zwölf Schülern zieht Jesus durch ganz Galiläa, das im Norden des jüdischen Landes liegt. Überall erzählt er von Gottes Königreich. Und er hilft Menschen, die es schwer haben oder krank sind. Maria aus Magdala und andere Frauen, die von Jesus geheilt worden sind, gehen auch mit ihm mit. Eines Tages macht sich Jesus mit seinen Gefährten auf den Weg nach Jerusalem, in den Süden des Landes. Die meisten Juden machen einen Umweg, wenn sie von Galiläa nach Jerusalem ziehen, weil sie nicht durch Samaria reisen wollen. Vor langer Zeit gerieten die Juden und die Samariter in Streit, und noch immer wollen sie nichts miteinander zu tun haben. Jesus macht keinen Umweg, er reist doch durch Samaria. Er will auch den Samaritern von Gottes Königreich erzählen. Und genau wie in Galiläa gibt es in Samaria viele Leute, die Jesus zuhören. Nachdem er in Samaria gewesen ist, macht sich Jesus weiter auf den Weg nach Jerusalem. Unterwegs hört eines Tages wieder eine große Gruppe von Leuten Jesus zu. Es ist auch ein Bibelgelehrter aus Jerusalem dabei. Er fragt Jesus: „Rabbi, was muss ich tun, um dazuzugehören zu Gottes Königreich?"
Jesus sagt: „Du weißt doch, was in unseren Schriftrollen steht!"
„Ja", sagt der Gelehrte, „darin steht geschrieben: Liebe Gott aus ganzem Herzen und liebe deinen Nächsten, wie du dich selbst liebst."
„Gut", sagt Jesus, „wenn du das tust, dann arbeitest du daran mit, dass Gottes Königreich auf die Erde kommt."
„Aber wer ist mein Nächster?", fragt der Mann. „Ist das jeder, der zu meiner Familie gehört? Oder sind das auch meine Nachbarn? Und alle Menschen, die zu unserem Volk gehören? Ich kann doch nicht jeden lieben? Schau, dort läuft ein Samariter. Der ist doch sicher nicht mein Nächster?"
Jesus antwortet mit einer Geschichte:

Es war einmal ein jüdischer Kaufmann, der von Jerusalem zur Stadt Jericho ging. Mit dem Geld, das er in Jerusalem verdient hatte, ging er nach Hause zurück. Als er den Berg, auf dem Jerusalem liegt, herabgestiegen war, kam er auf einen einsamen Weg. Da sprangen auf einmal ein paar Räuber hinter den Sträuchern hervor. Sie ergriffen den Kaufmann, rissen ihm den Mantel vom Leib und nahmen ihm sein Geld weg. Mit einem Stock schlugen die Räuber ihm so heftig auf den Kopf, dass er zu Boden fiel. Danach rissen sie aus und ließen den Kaufmann halbtot mit einer blutenden Kopfwunde zurück.
Etwas später kam ein Priester aus dem Jerusalemer Tempel vorbei. Er erschrak, als er den misshandelten Kaufmann liegen sah. Dieser Mann ist von Räubern überfallen worden, dachte er. Vielleicht sind sie noch in der Nähe und wollen mich auch berauben. Und schnell lief der Priester auf der gegenüberliegenden Seite vorbei.
Danach kam ein Levit. Leviten helfen den Priestern bei der Arbeit im Tempel. Dieser Levit hatte im Tempelchor gesungen und er sang unterwegs noch einen Psalm. Aber plötzlich hörte er auf zu singen. Er sah den verwundeten Mann liegen. Er bekam Angst und dachte: Der Priester ist auch hier lang gekommen und er hat dem Mann nicht geholfen. Dieser Mann ist sicher schon tot. Und schnell lief der Levit auf der gegenüberliegenden Seite vorbei.
Danach kam ein Samariter mit einem Esel. Er sah den Verwundeten, sprang sofort vom Esel und kniete bei dem Mann nieder. Vorsichtig säuberte er die Kopfwunde mit mildem Öl und verband ihn. Der Kaufmann kam ein wenig zu sich und flüsterte: „Wasser! Ich habe so einen Durst!" Er hatte schon so lange in der brennenden Sonne gelegen.
Schnell nahm der Samariter seinen Wasserkrug und gab dem Kaufmann zu trinken. Danach hob er ihn vorsichtig auf und setzte ihn auf seinen Esel.
Selbst lief er nebenher und hielt den Kaufmann gut fest. So brachte er ihn in eine Herberge und sorgte dafür, dass der Verwundete ein gutes Bett bekam. Die ganze Nacht blieb er bei ihm und versorgte ihn. Am nächsten Morgen gab er dem Wirt Geld und sagte: „Sorge gut für diesen Mann, bis es ihm besser geht. Auf der Rückreise komme ich wieder hier vorbei. Dann werde ich mehr bezahlen, wenn dies nicht genug ist."

Jesus schweigt. Die Leute haben zugehört und verstehen, dass die Geschichte ein Gleichnis ist. Sie denken darüber nach. Dann fragt Jesus den Bibelgelehrten: „Wer von diesen dreien ist der Nächste des verwundeten Kaufmanns gewesen? Der Priester, der Levit oder der Samariter?"
„Der Mann, der ihm geholfen hat", antwortet der Gelehrte.
„Wenn du genauso handelst wie der Samariter, gehörst du auch zu Gottes Königreich", sagt Jesus.

● *Zeichne eine der Verhaltensweisen: Priester – Levit – Samariter!*

Jesus erzählt vom Weltgericht

Ich war hungrig und ihr habt mir zu essen gegeben; ich war durstig und ihr habt mir zu trinken gegeben; ich war fremd und obdachlos und ihr habt mich aufgenommen; ich war nackt und ihr habt mir Kleidung gegeben; ich war krank und ihr habt mich besucht; ich war im Gefängnis und ihr seid zu mir gekommen. Dann werden ihm die Gerechten antworten: Herr, wann haben wir dich hungrig gesehen und dir zu essen gegeben, oder durstig und dir zu trinken gegeben? Und wann haben wir dich fremd und obdachlos gesehen und aufgenommen, oder nackt und dir Kleidung gegeben? Und wann haben wir dich krank oder im Gefängnis gesehen und sind zu dir gekommen? Darauf wird der König ihnen antworten: Amen, ich sage euch: Was ihr für einen meiner geringsten Brüder getan habt, das habt ihr mir getan.

Mt 25, 35–40

- *Die folgenden Zeichnungen stellen die Werke der Nächstenliebe dar, die in der Rede Jesu vom Weltgericht als Maßstab gelten, nach dem das Handeln der Menschen beurteilt wird. Kannst du sie dem Text richtig zuordnen? Trage ein!*

  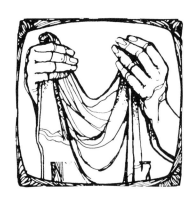

- *Welche wichtige Aussage steht am Schluss dieser Rede? Sie ist unser Auftrag im Umgang miteinander.*

_____

_____

- *Gestalte eine Seite, indem du diese Aufforderung Jesu als Überschrift wählst und die Werke der Nächstenliebe als Kreuz darstellst!*

Die Werke der Nächstenliebe im übertragenen Sinn

- *Die sechs Werke der Nächstenliebe dürfen nicht nur im wörtlichen Sinn verstanden, sondern sie sollen auf das wirkliche Leben übertragen werden. Kannst du in den folgenden Beispielen die Werke der Nächstenliebe erkennen?*

„Ich hatte Hunger nach einem guten Wort und habt mit mir freundlich gesprochen. Ich sehnte mich so sehr danach, dass irgend jemand mich versteht, und ihr habt mir zugehört."

„Ich war lange Zeit traurig, weil meine Katze gestorben ist, und habt mich nicht gleich als ‚Spinner' bezeichnet. Ich war krank, ihr habt mich besucht und Geschenke mitgebracht."

„Ich stand vor den ganzen Menschen blamiert da. Ihr habt zu mir gehalten und mich verteidigt. Ich wurde verleumdet und ihr habt versucht, die Wahrheit zu finden. Ich fühlte mich wie ‚ausgezogen' und habt mir Kraft gegeben, mich wieder zu fangen."

„Ich hatte Durst nach Gerechtigkeit und ihr habt euch für mich stark gemacht. Ich hatte Durst nach Gemeinschaft und ihr habt mich in eurer Gruppe aufgenommen."

„Ich war neu in der Klasse und ihr habt mich freundlich aufgenommen. In meiner Unsicherheit fehlte mir der Boden unter den Füßen und ihr habt mir Halt gegeben."

„Ich war in meinen Ängsten gefangen und ihr habt mir Zuversicht gegeben. Ich war eingeengt von Zwängen und Sorgen und ihr habt mir dazu verholfen, sie nicht als übermächtig zu sehen. Ihr habt mir wieder Hoffnung gegeben."

- *Schreibe ein weiteres Beispiel aus deinem Lebensumfeld auf, das hier einzuordnen wäre!*

Jesus fordert uns auf zu helfen

Jesus stellt in seiner Rede vom Weltgericht die Werke der Nächstenliebe heraus. Kannst du sie auf den Bildern entdecken?

1- _____

2- _____

3- _____

4- _____

5- _____

6- _____

Wie könntest du in diesem Sinn tätig werden?

_____

_____

Was wir tun können: Hilfe in der Welt

Die Rechte des Kindes

Am 20. November 1959 hat die Vollversammlung der Vereinten Nationen eine „Erklärung über die Rechte des Kindes" beschlossen.

- Kannst du erklären, was jeweils damit gemeint ist? Werden diese Rechte des Kindes überall beachtet?

Jedes Kind,	ohne Unterschied der Rasse, der Sprache und Religion, ohne Unterschied der Armut oder Wohlhabenheit seiner Eltern, hat auf diese Rechte Anspruch.
Jedem Kind	soll die Möglichkeit gegeben werden, sich in Freiheit körperlich und geistig zu entwickeln.
Jedes Kind	hat Anspruch auf einen Namen und auf Staatsangehörigkeit von Geburt an.
Jedes Kind	hat das Recht auf ausreichende Ernährung, auf eine sichere Wohnung, auf ärztliche Betreuung, damit es gesund heranwachsen kann.
Jedem Kind,	das körperlich oder geistig benachteiligt ist oder das sehr arme Eltern hat, soll besonders geholfen werden.
Jedes Kind,	das seine Eltern verloren oder von seinen Eltern getrennt wurde, hat ein Recht auf besondere Fürsorge.
Jedes Kind	soll zumindest die Volksschule besuchen können, ohne dass seine Eltern dafür bezahlen müssen.
Jedes Kind	soll in Notfällen zu den Ersten gehören, die Schutz und Hilfe erhalten.
Jedes Kind	soll vor schlechter Behandlung geschützt werden. Es darf auf keinen Fall verkauft oder gegen irgendwelche Güter eingetauscht werden. Es darf zu keinen Arbeiten angehalten oder gar gezwungen werden, die seiner Gesundheit schaden können.
Jedes Kind	soll zur Freundschaft zwischen den Völkern erzogen werden.

Afghanistan: Wo ein falscher Schritt tödlich ist

Jeder Schritt vom Weg ist gefährlich. Picham Ali, ein Hirtenjunge aus dem Dorf Bagram, musste den Weg verlassen, um seine Herde dahin zu treiben, wo etwas wuchs. Als er auf eine Mine trat, verlor er sein rechtes Bein und sein rechtes Auge. Ali war 15. Am selben Tag wurden sieben andere Kinder von Minen getötet – der durchschnittliche Blutzoll eines Tages in Afghanistan.

Uganda

Die Hoffnung der Aids-Waisen. Aids rafft in Afrika ganze Generationen dahin. Die Immunschwäche-Krankheit zerstört Familien und hinterlässt Kinder als unversorgte Waisen. Ohne Hilfe von außen haben sie keine Chance auf eine Ausbildung. Gerade jetzt sucht eine Ärztin in Uganda Spender für Schulgeld: Für 400 Mark kann ein Waisenkind ein Jahr lang leben und lernen. 100 Aids-Waisen hoffen auf Unterstützung durch missio.

Indien

Straßenkinder: Ausgestoßen durch Armut. Wenn Familien im Dorf nicht mehr überleben können, ziehen sie in die Städte. Landflucht. Allein in Hyderabad schlagen sich 40 000 Halbwüchsige als Straßenkinder durch. Salesianer haben jetzt zu 600 von ihnen Kontakt aufgenommen. Zunächst sollen 60 in einem Heim wohnen und eine Ausbildung absolvieren.

USA – Todesstrafe gegen Minderjährige

Am 19. September 1999 wurde Gregory Wynn im US-Staat Alabama zum Tod auf dem elektrischen Stuhl verurteilt. Wynn war zur Tatzeit 17 Jahre alt. Sein Verteidiger hatte gegen die Todesstrafe plädiert und darauf hingewiesen, dass keine andere westliche Nation Jugendliche zum Tode verurteilt. Kommentar des Generalstaatsanwaltes: Die USA hätten keinen Vertrag unterschrieben, der die Todesstrafe gegen Jugendliche verbiete.

Ghana

Schwestern retten die Ausgestoßenen. Wenn bei einer Geburt die Mutter stirbt, fürchten manche Völker Ghanas die Rache böser Geister. Das Kind wird ausgesetzt. Schwester Beatrice nimmt solche Kinder auf. Nach einiger Zeit kann sie dann die Großfamilie überzeugen, dass das Neugeborene nichts Böses bringt. Es wird wieder nach Hause geholt.

Ägypten

Investition in eine friedlichere Zukunft. In Oberägypten erschweren Spannungen zwischen Christen und Muslimen das Zusammenleben. Deshalb ist es wichtig, Kinder beider Religionen gemeinsam zu erziehen. Sie lernen einander kennen und schätzen. missio hilft dabei.

Afrika: Genitalverstümmelung – Gewalt gegen Mädchen

„Vier Frauen zwangen mich, auf dem Rücken zu liegen. Ein Stück Stoff wurde mir in den Mund gepresst, damit mein Schreien aufhörte. Der Schmerz beim Schneiden war furchtbar. Ich wurde mit einem stumpfen Taschenmesser beschnitten. Ich war zehn Jahre alt."

Hannah Yambasu, heute Frauenbeauftragte für Sierra Leone bei amnesty international, hat als Kind erlitten, was in einigen Ländern Afrikas und zum Teil auch auf der arabischen Halbinsel weit verbreitet ist. amnesty international unterstützt die Aktionen lokaler Organisationen gegen die Genitalverstümmelung und fordert von den Regierungen die strikte Einhaltung des Menschenrechtes auf körperliche und seelische Unversehrtheit.

Sie müssen sterben, nur weil sie Mädchen sind
Bislang umfassendste Studie des UN-Kinderhilfswerks prangert Morde in Südasien an

Berlin (ap). In Indien werden nach einer UNICEF-Studie jährlich 10 000 Mädchen in den ersten Lebensjahren ermordet, weil die Eltern sich männliche Nachkommen wünschen. Häufig werde das Neugeborene in einen Tonkrug gelegt, der in der Erde begraben werde. Zudem würden in Indien jährlich 5000 Frauen umgebracht, weil Mitgiftforderungen nicht erfüllt werden könnten, heißt es in dem bisher umfassendsten Bericht über Gewalt gegen Frauen und Mädchen in Südasien, der anlässlich der UN-Frauenkonferenz „Peking + 5" in New York in Berlin vorgestellt wurde.

Danach leben Mädchen und Frauen in Südasien ausgerechnet innerhalb der eigenen Familie besonders gefährlich. Der Geschäftsführer von UNICEF Deutschland, Dietrich Garlichs, erklärte, dass fünf Jahre nach der Weltfrauenkonferenz in Peking in Südasien jedes Jahr insgesamt eine Million Kinder sterben müssten, nur weil sie Mädchen seien.
Gewalt gegen Mädchen und Frauen sei die am meisten verbreitete Menschenrechtsverletzung. In Indien, Sri Lanka, Pakistan, Nepal und Bangladesch beherrschten Männer alle Bereiche des Lebens. Frauen müssten sich unterordnen und würden benachteiligt. Sie bekämen weniger zu essen und würden von Bildungsmöglichkeiten ausgeschlossen. Millionen von Mädchen müssen zu Hause sexuellen Missbrauch erdulden. Betroffen seien zunehmend junge Mädchen, da Männer glaubten, Geschlechtsverkehr mit ihnen schütze vor Aids oder heile sogar von dieser Krankheit.
Jährlich landeten in Südasien rund eine Million Mädchen in der Prostitution. Allein in indischen Bordellen arbeiteten etwa 250 000 Mädchen, die aus Nepal verschleppt oder verkauft worden seien. Von einer Zehnjährigen werde erwartet, dass sie bis zu zwölf Kunden am Tage habe.

● Ordne die Beispiele den Rechten des Kindes zu!

Kirchliche Hilfsaktionen

Es gibt viele Möglichkeiten, wie Hilfe für die Welt geleistet werden kann. Auch kirchliche Hilfsaktionen sollen dazu beitragen, Not in der Welt zu lindern:

MISEREOR ist das Fastenopfer der deutschen Katholiken. Es wurde 1959 als Spendenaktion gegen Hunger und Krankheit von den deutschen Bischöfen ins Leben gerufen. Jedes Jahr zur Fastenzeit werden die Gläubigen aufgefordert, selbst auf etwas zu verzichten. Mit dem so gesparten Geld wird Kranken und Notleidenden vor allem in der „Dritten Welt", also den unterentwickelten Ländern, geholfen. Das Geld soll Hilfe zur Selbsthilfe ermöglichen. Den Notleidenden wird vor allem geholfen, sich selbst zu bilden, Schulen zu besuchen und Selbsthilfebewegungen zu organisieren.

ADVENIAT ist das Weihnachtsopfer der deutschen Katholiken. Die alljährlich im Advent gespendeten und gesammelten Gelder werden für die gezielte Hilfe in Lateinamerika (Mexiko, Mittel- und Südamerika) verwendet. Dort leben die meisten Christen in großer Armut am Rand der Städte oder als Kleinbauern auf dem Land. Für die Unterdrückten setzen sich vor allem die Priester und Katecheten ein: der Pfarrer hilft Indianern, die durch Großgrundbesitzer vertrieben wurden. In wichtigen Orten werden Pfarrzentren gebaut, in denen Jugendleiter und Bauern geschult werden; Radiosender bringen Schulbildung in unzugängliche Gebiete und bereiten auf Selbsthilfe vor. „Aus der Verzweiflung zur Hoffnung" könnte man die Wirkung beschreiben, die von dem Beitrag der ADVENIAT-Sammlungen für die Menschen in Lateinamerika ausgeht.

Die evangelischen Christen in Deutschland dienen den Menschen in Afrika, Asien und Lateinamerika durch die Aktion **BROT FÜR DIE WELT**. Bei vielen Hilfsaktionen arbeiten katholische und evangelische Christen zusammen.

MISEREOR
Bischöfliches Hilfswerk Misereor
Mozartstraße 9, 52064 Aachen

Aussätzigen-Hilfswerk
Dominikanerplatz 4,
97070 Würzburg

Bischöfliche Aktion ADVENIAT,
Hilfe der deutschen Katholiken
für die Kirche in Lateinamerika
Barnestraße 5, 45127 Essen

Diakonisches Werk
der evangelischen Kirche
Stafflenbergstraße 76
70184 Stuttgart

Diakonische Arbeitsgemeinschaft
Evangelischer Kirchen in Deutschland
Staffienbergstraße 76, 70173 Stuttgart

Intern. Katholisches Missionswerk
Hermannstraße 14, 52062 Aachen
und Pettenkoferstraße 26–28,
80336 München

- Sammelt bei den aufgezählten Organisationen Informationsmaterial, und sucht darin Beispiele, wie versucht wird, „Not in der Welt" zu lindern!

Was wir tun können: Hilfe in unserer Umgebung

Auch wir können in unserer näheren Umgebung und im täglichen Leben durch viele kleine Schritte anderen Menschen helfen. Dazu gehört auch, dass man sich klar wird, wie man sich eigentlich Fremden gegenüber verhält. Ein kleiner Test kann dir vielleicht helfen.

Test: Meine Einstellung zu Fremden

Kreuze an, wie du dich am ehesten verhältst oder schreibe eine weitere Möglichkeit auf, wenn dein Verhalten mit keinem der drei Vorschläge übereinstimmt:

1. Wenn ich jemandem begegne, den ich nicht kenne
   - ● interessiert mich der andere nicht – man kann schließlich nicht jeden kennen ○
   - ■ bemühe ich mich, herauszufinden, was der andere für ein Mensch ist ○
   - ◆ warte ich erst einmal ab, was der andere sagt oder wie er reagiert ○
   - ○ _____ ○

2. Wenn ich in eine Auseinandersetzung mit anderen Menschen im Bus/auf der Straße oder sonstwo gerate,
   - ● muss ich meine Auffassung auf jeden Fall verteidigen ○
   - ◆ versuche ich, möglichst schnell die Auseinandersetzung zu beenden ○
   - ■ höre ich dem Anderen erst einmal zu und versuche auch seinen Standpunkt zu verstehen ○
   - ○ _____ ○

3. Wenn mir ein anderer Mensch vorgezogen wird oder ihm mehr Rechte eingeräumt werden,
   - ◆ beachte ich ihn nicht weiter und versuche seine Rechte einzuschränken ○
   - ● setze ich meine Ansprüche massiv – ggf. auch mit Gewalt – durch ○
   - ■ verlange ich das Gleiche für mich ○
   - ○ _____ ○

4. Wenn ich nach einiger Zeit merke, dass ich nicht gleichberechtigt bin,
   - ● überlege ich mir, wie ich an mein Recht kommen kann und wer mir dabei helfen kann ○
   - ◆ gebe ich meine Ansprüche eben auf ○
   - ■ spreche ich mit Freunden/Bekannten darüber, ob ihnen so etwas auch schon einmal passiert ist und was ich in diesem Fall machen könnte ○
   - _____ ○

5. Wenn ich einen anderen verletzt habe und merke, dass ihn das ärgert
   - ● denke ich, dass das nicht so wichtig ist und sich irgendwann von selbst lösen wird ○
   - ■ entschuldige ich mich bei ihm ○
   - ◆ tut mir das auch Leid ○
   - _____ ○

6. Wenn jemand schlecht über jemanden redet, den ich gut kenne, er jedoch kaum,
   - ● bin ich ziemlich sauer auf ihn ○
   - ■ sage ich ihm, dass ich das nicht mag ○
   - ◆ nehme ich einfach keine Notiz davon ○
   - _____ ○

7. Wenn mich ein Anderer/Unbekannter verletzt,
- ● dann beleidige ich ihn auch ○
- ◆ ist mir das egal – schlimmer wäre es, wenn Freunde das täten ○
- ■ versuche ich mich dagegen zu schützen ○

○
_____ ○

8. Wenn mich jemand als Ausländer beschimpft oder sagt, das wäre „typisch deutsch", dann
- ● drohe ich ihm Prügel an ○
- ◆ beschimpfe ich ihn auch ○
- ■ versuche ich ihm klarzumachen, dass ich das nicht gut finde ○

○
_____ ○

9. Wenn sich ein Fremder/Ausländer oder anderer Mensch merkwürdig verhält,
- ◆ denke ich, der spinnt eben ○
- ● verhalte ich mich ihm gegenüber abweisend ○
- ■ frage ich ihn, warum er das so macht ○

○
_____ ○

Ergebnis:

Typ ●:

Typ ■:

Typ ◆:

Auswertung:

Wie ich mich gegenüber Fremden/anderen Menschen verhalte

Typ: ●   der/die Abweisende

Bei der Begegnung mit anderen achtest du darauf, dass du nicht zu kurz kommst. Nicht selten reagierst du aggressiv.

Typ: ◆   der/die Unsichere

Die Reaktionen von anderen verunsichern dich. Du weißt oft nicht, wie du dich angemessen verhalten kannst und ziehst dich deshalb zurück.

Typ: ■   der/die Aufgeschlossene

Du interessierst dich für andere und trittst anderen Menschen offen gegenüber.

Menschen in Not: Was können wir tun?

Not in der Welt:

Klebt hier ein Beispiel ein!

Das kann ich tun:

_____
_____
_____
_____
_____
_____
_____
_____
_____
_____

Not in unserer Umgebung:

Klebt hier ein Beispiel ein!

Das kann ich tun:

_____
_____
_____
_____
_____
_____
_____
_____
_____
_____

Lösungen der Arbeitsblätter

Abraham – Stationen des Glaubens

- Wie Abraham werden auch wir in unserem Leben und Glauben herausgefordert. Wie könntest du Abrahams Beispiel folgen?

Abraham	ICH
vertraut auf Gottes Verheißung	*vertraue auf Gott*
lässt Lot den Vortritt	*stifte Frieden*
zweifelt und hofft	*gebe die Hoffnung nicht auf*
begegnet in den Fremden Gott selbst	*helfe Fremden*
bittet um Rettung für Sodom und Gomorra	*trete für andere ein*
würde seinen Sohn opfern	*glaube an Gott*

- Zeichne, was dich von den Abraham-Erzählungen am meisten beeindruckt hat!

Gemeinschaft werden

Niemand von uns ist in allem ___*gut*___ oder ___ in allem schlecht.
Jeder hat ___*Stärken*___ und ___*Schwächen*___.

- Hier kannst du ein passendes Foto einkleben oder ein Bild malen.

Die Bibel gibt uns Hilfe für das Leben in der Gemeinschaft:

Was ihr von anderen erwartet, ___*das tut ebenso auch ihnen.*___

155

Lösungen der Arbeitsblätter

Beten – mit Gott reden

- *Klebe ein Bild eines Ereignisses ein, von dem du der Meinung bist, dass es einen Anlass zum Beten darstellt!*

Ich glaube, dass diese Situation ein Anlass zum Beten sein kann, weil

Beten heißt: _Mit Gott sprechen_

Unterschiedliche Situationen veranlassen die Menschen zu beten: Dies sind z. B. Situationen von _Freude, Trauer, Angst, Hoffnung_ .

Beim Sprechen von Gebeten unterscheiden wir zwischen _festen_ und _freien_ Formen.

Feste Formen sind Voraussetzung dafür, dass wir _gemeinsam_ beten können.

Dieses Beten findet vor allem in der Kirche statt.

Eine Fülle von Zeichen, Symbolen, Haltungen und Bräuchen hat sich in der Kirche entwickelt: _Kreuzzeichen beim Betreten der Kirche, Kniebeuge vor dem Tabernakel, beten, sitzen, stehen, …_

Es sind keine belanglosen Äußerlichkeiten, sondern Ausdruck unseres Glaubens. Eine angemessene Körperhaltung beim Gebet und im Gottesdienst geben Zeugnis ab über die innere Einstellung zum Beten und zum Mitmenschen, der in der Kirche betet.

Jesus von Nazaret, ein Mann aus Galiläa

- Eltern: _Maria und Josef_
- Geburtsort (Provinz): _Betlehem, lebte in Nazaret (Galiläa)_
- Erlernter Beruf: _Zimmermann_
- Religionszugehörigkeit: _Jude_
- Getauft durch: _Johannes der Täufer_
- römischer Herrscher zur Zeit Jesu: _Kaiser Augustus_
- König der Israeliten: _Herodes_
- Ort seiner Gefangennahme: _Ölberg_
- Prozessbehörde: _Hoher Rat_
- Anklage: _Jesus soll gesagt haben: Ich bin der König der Juden_
- Verurteilung durch: _Pontius Pilatus_
- Schuldspruch: _Aufstand gegen den römischen Kaiser_
- Hinrichtungsstätte: _Golgota_
- Geschehen nach seinem Tod: _Auferstehung_

Lösungen der Arbeitsblätter

Gotteshäuser aus Romanik, Gotik, Barock und Gegenwart

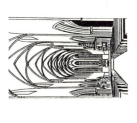

Gotik

Spitzbogen, Kreuzrippengewölbe, nach oben stark verjüngende Türme, Farbfenster, große Höhen

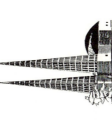

Gegenwart

Neuzeitlicher Baustil, neue Konstruktionsmöglichkeiten, Altar tritt deutlich hervor

Romanik

Burgähnliche Festigkeit, Rundbogen, Wölbungen, mächtige Pfeiler, strahlt eine große Ruhe aus

Barock

Licht und weit, reich verziert und ausgemalt, senkrechte und waagrechte Linien sind geschwungen

Ostern: das wichtigste Fest im Kirchenjahr

Die Mitte aller liturgischen Festfeiern ist Ostern, weil Ostern Ursprung und Grund unseres Glaubens ist. Die drei österlichen Tage vom __Leiden__, __Sterben__ und von der __Auferstehung__ des Herrn sind die Höhepunkte des Kirchenjahres.

Diesen Tagen geht eine Bußzeit voraus. Sie wird auch __Fastenzeit__ genannt. Die Fastenzeit beginnt mit dem __Aschermittwoch__.

Sie umfasst insgesamt __40 Tage__.

Eine besondere Stellung nimmt der sechste Fastensonntag ein, der __Palmsonntag__.

Mit diesem Tag beginnt die __Karwoche__.

Am __Gründonnerstag__ erinnert sich die Kirche in besonderer Weise an das letzte Abendmahl Jesu mit seinen Jüngern. Am __Karfreitag__ steht im Mittelpunkt der liturgischen Feier der Kreuzestod Jesu.
In der __Osternacht__ feiern wir die Auferstehung Jesu.
Die Osterzeit beginnt mit dem __Ostersonntag__. Sie umfasst fünfzig Tage und schließt mit dem __Pfingstfest__. Zehn Tage vor Pfingsten wird das Fest __Christi Himmelfahrt__ gefeiert.

- Ordne die Bilder den entsprechenden Tagen zu!

Religionsunterricht – zeitgemäß, ganzheitlich und schülernah!

Wolfgang Rieß/Reinhard Schlereth (Hrsg.)

EINFACH LEBEN

Unterrichtswerk für den katholischen Religionsunterricht an der Hauptschule

Dieses Unterrichtswerk ist nach den Richtlinien des aktuellen bayerischen Lehrplans für die Hauptschule konzipiert. Die einzelnen Themen werden mit verschiedenen Methoden erarbeitet, um das Interesse der Schülerinnen und Schüler zu wecken. Der handlungsorientierte Ansatz durchzieht das gesamte Werk sowohl in Arbeitsaufgaben als auch in Projekten, wobei dem fächerübergreifenden Aspekt Rechnung getragen wird. Die Texte sind schülernah und sprachlich prägnant formuliert. Bilder alter und neuer Künstler sowie neue religiöse Lieder sprechen alle Sinne, Gefühlswelt, Verstand und Kreativität der Schülerinnen und Schüler an. Didaktische Anleitungen zur Bildinterpretation tragen zu einer tiefgreifenden Erschließung religiöser Inhalte bei. Das Lehrwerk spiegelt in Wort und Bild eine weltoffene Theologie und Religionspädagogik wider, die Korrelationen mit der Lebenswelt der Schülerinnen und Schüler ermöglichen.

EINFACH LEBEN

Unterrichtswerk für den katholischen Religionsunterricht
Ausgabe für Bayern

Schülerbücher

5. Jahrgangsstufe
112 S., kart.   Best.-Nr. **2653**

6. Jahrgangsstufe
120 S., kart.   Best.-Nr. **2654**

7. Jahrgangsstufe
124 S., kart.   Best.-Nr. **2655**

8. Jahrgangsstufe
120 S., kart.   Best.-Nr. **2656**
in Vorbereitung

9. Jahrgangsstufe
120 S., kart.   Best.-Nr. **2657**
in Vorbereitung

Lehrerbände mit Kopiervorlagen, Bausteinen und Projekten

5. Jahrgangsstufe
160 S., DIN A4   Best.-Nr. **2984**

6. Jahrgangsstufe
Ca. 180 S., DIN A4   Best.-Nr. **2985**

7. Jahrgangsstufe
Ca. 180 S., DIN A4   Best.-Nr. **2986**

8. Jahrgangsstufe
Ca. 180 S., DIN A4   Best.-Nr. **2987**

9. Jahrgangsstufe
Ca. 180 S., DIN A4   Best.-Nr. **2988**

10. Jahrgangsstufe
Ca. 180 S., DIN A4   Best.-Nr. **2658**

Folienmappen
5. Jahrgangsstufe   Best.-Nr. **3042**
6. Jahrgangsstufe   Best.-Nr. **3043**

Die Lehrerbände für die Jahrgangsstufen 6–10 und die Folienmappen sind in Vorbereitung.

Lebendiger Unterricht mit „Mitten unter euch"

Die aktuelle Schulbuchreihe für den katholischen Religionsunterricht in der Sekundarstufe I

Mitten unter euch

Modern – schülernah – ganzheitlich!

- Alle Texte sind in einfacher, zeitgemäßer Sprache gehalten.
- Altersgemäß nacherzählte biblische Inhalte erleichtern den Zugang zur Religion.
- Kritische Fragen der Jugendlichen werden ernst genommen.
- Die Bilder sind informativ und laden zum Weiterlesen ein.
- Alle Sinne werden am Lernprozess beteiligt.
- Viele bekannte Lieder unterstützen die Schülerinnen und Schüler beim Lernen und Entdecken.

In den **Handreichungen** für Lehrer erhalten Sie genaue Informationen zu allen Bildern, Texten und Arbeitsaufgaben sowie viele praxiserprobte Tipps für die Gestaltung eines zeitgemäßen Religionsunterrichts, der auf die Probleme der Zeit eingeht.

Andreas Baur/Friedrich Fischer (Hrsg.)

Mitten unter euch – Neuausgabe

Schülerbuch für den katholischen Religionsunterricht

Ausgabe für Berlin, Nordrhein-Westfalen, Niedersachsen, Schleswig-Holstein, Mecklenburg-Vorpommern, Rheinland-Pfalz, Thüringen, Sachsen-Anhalt

5. und 6. Jahrgangsstufe
200 S., kart.   Best.-Nr. **2142**

7. und 8. Jahrgangsstufe
224 S., kart.   Best.-Nr. **2162**

9. und 10. Jahrgangsstufe
192 S., kart.   Best.-Nr. **2163**

Adalbert Wegmann

Handreichungen mit Kopiervorlagen zu Mitten unter euch

5. und 6. Jahrgangsstufe
96 S., DIN A4, kart.
  Best.-Nr. **2164**

7. und 8. Jahrgangsstufe
116 S., DIN A4, kart.
  Best.-Nr. **2165**

9. und 10. Jahrgangsstufe
88 S., DIN A4, kart.
  Best.-Nr. **2166**

Auer BESTELLCOUPON Auer

Ja, bitte senden Sie mir/uns

___ Expl. _____
   _____ Best.-Nr. ____

___ Expl. _____
   _____ Best.-Nr. ____

___ Expl. _____
   _____ Best.-Nr. ____

___ Expl. _____
   _____ Best.-Nr. ____

___ Expl. _____
   _____ Best.-Nr. ____

mit Rechnung zu.

Bitte kopieren und einsenden an:

**Auer Versandbuchhandlung
Postfach 11 52
86601 Donauwörth**

Meine Anschrift lautet:

_____
Name/Vorname

_____
Straße

_____
PLZ/Ort

_____
Datum/Unterschrift

Rund um die Uhr bequem bestellen!
Telefon: 01 80/5 34 36 17
Fax: 09 06/7 31 78

Aktuelle Schulbücher für Ihren Unterricht!

Vielfalt und Abwechslung für Ihren Religionsunterricht!

Otto Mayr
Religion 6 — Neubearbeitung
Neue Stundenbilder mit Kopiervorlagen
212 S., DIN A4, kart. Best.-Nr. **3545**

Themen: Menschen fragen nach Gott, Christengemeinden entstehen – von Jerusalem in die Welt, Freie Zeiten – zwischen Interesse und Langeweile, Befreiung und Rettung – Grunderfahrungen des Glaubens, Mit Anforderungen umgehen – Orientierung für unser Handeln finden, Ausdrucksformen einer tieferen Wirklichkeit – Symbole und Sakramente.

Otto Mayr
Religion 7
Stundenbilder mit Kopiervorlagen
222 S., DIN A4, kart. Best.-Nr. **2365**

Themen: Vorbilder heute, Das Christenzeugnis in den Evangelien, Tod – und was dann?, Zeichen, Symbole, Sakramente, Der Gottesdienst der Kirche, Schuld, Schulderfahrung und Vergebung, Mit Konflikten leben, Reformation und Reform der Kirche.

Otto Mayr
Religion 8
Stundenbilder mit Kopiervorlagen
184 S., DIN A4, kart. Best.-Nr. **2456**

Themen: Gemeinschaft – Fundament für das Leben und für den Glauben, Arbeit – Beruf oder Job, Deutung der Welt in den Schöpfungserzählungen und in der Urgeschichte, Der Sinn der Gebote, Kirche in der Welt – Auftrag und Dienst, Liebe – Norm der menschlichen Sexualität, Zugang zum Beten, Wandlungsprozesse der Kirche im 19. Jahrhundert.

Otto Mayr
Religion 9
Stundenbilder mit Kopiervorlagen
168 S., DIN A4, kart. Best.-Nr. **2457**

Themen: Sehnsucht nach Glück und Heil, Religion – unverzichtbar für menschliches Leben, Bilder und Namen deuten die Person Jesu, Andere Weltreligionen, Wahrhaftigkeit im menschlichen Leben, Partnerwahl – Ehe – Familie, Die Kirche im 20. Jahrhundert.

Anette Töniges-Harms
Rätselsammlung Religion Sekundarstufe I
Die geheimnisvolle Welt der Bibel
88 S., DIN A4, kart. Best.-Nr. **3195**

Biblische Themen im Religionsunterricht interessant und spannend zu gestalten – dies ist das Anliegen des Bandes. Die Formen der Rätsel sind ganz unterschiedlich: Dominos, Puzzles, Geheimschriften, Morsealphabet etc. Die Themen: das Neue Testament (Kindheitsevangelien, Gleichnisse, Wunder, Leiden und Auferstehung Jesu); das Alte Testament; Feste und Heilige; allgemeine und außergewöhnliche Bereiche der Bibel.

Franz Emmerling/Wolfgang Rieß/Reinhard Schlereth
Ein altes Buch wird neu entdeckt: Das Neue Testament
Stationen der Freien Arbeit im Religionsunterricht
100 S., DIN A4, kart. Best.-Nr. **2703**

Einführung in das Neue Testament in der Organisationsform der Freiarbeit. Der Band umfasst die Prinzipien des freien Arbeitens, die Beschreibung der Unterrichtsschritte und 86 Kopiervorlagen für die benötigten Materialien.

Bernhard Gruber/Hans Mendl
Zivilcourage im Dritten Reich! Und heute?
Lernzirkel für den Religions-, Geschichts- und Ethikunterricht der Klassen 8 bis 11
Mit Kopiervorlagen
80 S., DIN A4, kart. Best.-Nr. **3230**

Ausgewählte Beispiele zum Einfluss der nationalsozialistischen Ideologie auf den Lebensalltag und die Haltung einzelner Christen. Bezüge zur gegenwärtigen und künftigen Lebenswelt der SchülerInnen zielen auf den Aufbau von Wert- und Orientierungsmaßstäben ab.

Christel Evenari
Kirchenjahr: Kirchengeschichte, Feste und Heilige
Unterrichtsmaterialien, Geschichten und Kopiervorlagen
168 S., DIN A4, kart. Best.-Nr. **3218**

Das liebevoll gestaltete Buch bietet eine umfangreiche Sammlung von Geschichten zu den bedeutendsten Festen des Kirchenjahres. Der kirchengeschichtliche Überblick beginnt mit Pfingsten, dem Geburtsfest der Kirche, führt über die Ereignisse der Urkirche zu den Christenverfolgungen im Römischen Reich.

Die lebendig und kreativ erzählten Geschichten wecken die Begeisterung der Kinder und bieten zahlreiche Identifikationsmöglichkeiten.

Rund um die Uhr bequem bestellen!
Telefon: 01 80 / 5 34 36 17 · Fax: 09 06 / 7 31 78